回向恒品

吉林大学哲学社会科学普及读物

鸵鸟蛋皮串珠

不止于装饰

OSTRICH EGGSHELL BEADS:
More Than Decoration

王春雪 著

社会科学文献出版社
SOCIAL SCIENCES ACADEMIC PRESS (CHINA)

**彩图 1　南非中期石器时代（MSA）Sibudu 洞穴遗址
出土的贝壳串珠①**

---

① Christopher Henshilwood，et al.，"Middle Stone Age Shell Beads from South Afri-
ca，" *Science* 5669（2004）：404.

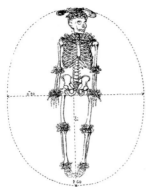

彩图 2　法国 La Madeleine 小孩墓葬（10190±100BP）中发现的由贝壳、动物骨骼及牙齿制成的装饰品①

---

① Marian Vanhaeren, et al. , "Middle Paleolithic Shell Beads in Israel and Algeria,"
Science 312（2006）: 1785 – 1788.

　　　　　　　　　　　　　　　　/ 鸵鸟蛋皮串珠：不止于装饰

彩图 3　欧洲晚更新世至全新世初发现的一些串珠和挂饰①

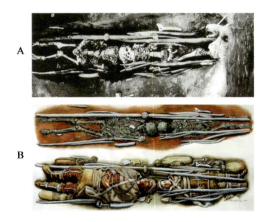

彩图 4　苏联 Sunghir 地区发现的一个古代墓葬②

合葬着 8 岁和 13 岁两个儿童遗体，遗骸周围散布着大量串珠

---

①　Joao Zilhao，"The Emergence of Ornaments and Art：An Archaeological Perspective on the Origins of 'Behavioral Modernity'，" *Journal of Archaeological Research* 15（2007）：1 – 54.

②　E. G. Shpakova，A. P. Derevianko，"The Interpretation of Odontological Features of Pleistocene Human Remains from the Altai，" *Archaeology*，*Ethnology and Anthropology of Eurasia* 1（2000）：125 – 138.

彩图 5　宁夏水洞沟遗址第 2 地点出土的鸵鸟蛋皮串珠①

彩图 6　中国旧石器时代晚期遗址和南非晚期石器时代遗址内
发现的一些鸵鸟蛋皮串珠②

A. 南非开普敦 Nora、Shelly、Pottery、Toaster 地点；B. 南非开普敦
北部 KN2005/067 地点；C. 水洞沟遗址

---

① 高星等：《宁夏旧石器考古调查报告》，《人类学学报》2004 年第 23 卷第 4
期，第 307～325 页。

② A. W. Kandel，N. J. Conard，"Production Sequence of Ostrich Eggshell Beads and
Settlement Dynamics in the Geelbek Dunes of the Western Cape, South Africa,"
Journal of Archaeological Science 32（2008）：1711－1721.

**彩图 7　采集地地表散布的鸵鸟蛋皮化石碎片、
石制品以及动物骨骼碎片**

图中卷尺所示为 1m

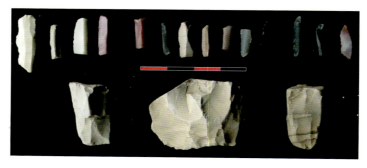

彩图 8　水洞沟第 12 地点采集的细石叶及细石叶石核

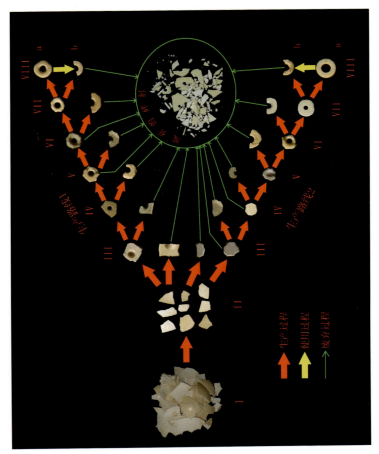

彩图9 鸵鸟蛋皮串珠两种生产路线的流程

/ 鸵鸟蛋皮串珠：不止于装饰

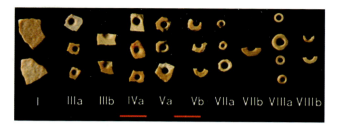

彩图 10　鸵鸟蛋皮串珠生产工序 1 中的不同生产阶段

彩图 11　鸵鸟蛋壳显微结构

a. 内表面；b. 外表面；c、d. 径切面

彩图 12　鸵鸟蛋皮串珠制作模拟实验所用的部分工具

1~8. 钻孔工具；9、10、13. 磨光工具；11、12. 修型工具

红色阴影部分为钻孔工具的使用刃部，红圈处表示磨光痕迹（9）及

敲砸痕迹（12）

/ 鸵鸟蛋皮串珠：不止于装饰

序

　　王春雪博士的著作《鸵鸟蛋皮串珠：不止于装饰》，作为吉林大学哲学社会科学普及读物之一部，即将出版了。我应邀作序，看了书稿，确感有话要说，就应承下来了。

　　这是目前我国首部有关旧石器时代装饰品的研究专著，所研究的对象仅限于鸵鸟蛋皮串珠。有关旧石器时代的考古学研究，本就很生僻，即使在考古文博领域也算是小众；在一些考古著述、博物馆陈列和教学、科研机构设置中常被忽略，那么对这一远古时代中一个狭窄领域的研究，是否有宏观上的学术价值，是否能引起读者的兴趣，有些人可能会产生疑问。

　　而这可能正是这部书独特的学术价值和可读性所在。旧石器时代涵盖 99% 的人类历史，对这一漫长历史时期的考古学研究，必须分门别类或分段、分区进行，否则难以驾驭浩瀚的材料。而以往的著作，多是大而化之，总括介绍旧石器时代人类的工具、技术、文化；当然会做分期分区的阐述，但都是把各种材料一锅烩，具体到某一时期、某一地区、某种材料的分析，总是只言片语，无暇深究。如果有人对某种特定的遗存或现象感兴趣，只会获得只鳞片爪的信息，难得要领。而这部书是个另类，它不是大家习以为常的对石制品类型、技术与功能的研究，而是针对常被研究者和读者忽略的非生产性遗存——考古遗址中出土的装饰品，而且专注于旧石器时代晚期装饰品中的一个特定门类——鸵鸟蛋皮串珠，研究的对象局限于宁夏水洞沟遗址出土的材料。这样就使作者能够从容地精耕细作、条分缕析，把对这批材料和相关问题的分析做深做透。于是呈现于读者面前的作品，就显得专注、精细，犹如一碟碟精致的淮扬菜肴，而不是一锅粗放的东北乱炖。

专不一定就窄。这本书在特定材料的狭小空间里开辟出了广博的视野。作者采用了由远及近、由博而专的阐述方式，先介绍世界范围内旧石器时代个人装饰品的发现与研究情况，指出这类装饰品并非仅限于对人体与服饰"装饰"的作用，还有更深层次的象征意义与信息交流的媒介功能。接着作者将视野转向当代民族学材料，继续搭建个人装饰品的历史、区域与人文背景，这样读者就会对串珠类装饰品有了时空上的宏观概念，也了解了这类遗存所赋存的学术问题、价值与研究意义。然后作者转向对水洞沟遗址出土的鸵鸟蛋皮串珠的埋藏、年代与环境介绍，使读者对这批材料的来历和背景知识有了清楚的了解，最后进入对所研究对象的描述和分析，包括形态特征和制作技术。在技术分析环节，作者独辟蹊径，设计了实验模拟流程，包括取材、制坯、修型、钻孔、磨圆、染色和埋藏等程序，并将实验品与遗址出土串珠做比较研究。通过这样一番抽丝剥茧般的描述、分析，水洞沟遗址出土的旧石器时代晚期鸵鸟蛋皮串珠的生产操作链就变得立体、鲜活、完整起来，读者仿佛回到了远古，目睹了先民针对该类装饰品的制作技术、生产过程和使用方式。于是，远古与现代不再有距离，作者与读者也实现了交流与互动。

我有幸作为春雪的指导教师，于 2007～2010 年在中国科学院古脊椎动物与古人类研究所指导了他博士学位攻读期间的学习和研究。他是一位勤奋、踏实、主动、上进的青年，不善于言语表达，说起话来常会有紧张之感，但擅长独立思考，能主动寻找、发现学术问题并钻进其中钻研、探索。当初他的博士论文的素材是水洞沟遗址第 8 地点的石制品。该遗址在文化层中出土 8 枚鸵鸟蛋皮串珠，在遗址地表采集到一批鸵鸟蛋皮制品。从形态判断，地表采集品与地层中的埋藏物不属于同一种类型和同一个时代。春雪主动要求将这批串珠材料纳入研究范畴。我曾经担心材料过多，无法驾驭，而且对装饰品的研究属于另外一个领域，涉及很多专业方法和学术思想及大量文献，我国学者鲜有涉猎，恐他力所不逮。但他并不多言，一头钻进文献中寻找信息与灵感，并设计了有针对性的实验环节，硬生生地开拓出了一条研究道路。看着他在实验过程中所用的各类用具和得到的各类产品，读着他学位论文中的环环演绎，再拿到他在《科学通报》上刊发的专题研究论文，我深深感受到一位青年学子锐意进取的朝气和不可抑止的学术冲击力、潜力。在他离开中国科学院的学术团队成为吉林大学的教师后，我曾担心他的学术进取心和创造力会被教务、家庭等琐事冲淡、磨平，但拿到这部书稿，看到他在旧石器时代装饰品的研究领域做了深耕并取得了成色丰足的收获，我知道学术的火花还在这位青年学子的心中时时迸发着，春雪还保持着那样的本色：单纯，有追求，有目标，有定力，讷于言而勤于思、敏于行。

这部书将带着青年一代的视角、敏锐和活力出现在读者面前，并填补我国史前考古领域的一项研究空白。它表述了一批重要的材料和数据，更传递出新时代研究视野、分析方法和学术思想的多重信息。它是一部有关中国特定遗址和时段遗存的考古学研究专著，但又不局限于材料和地域本身，而是将世界各地的同类材料做了梳理和串联，丰富的参考文献可供按文索骥，读者可做拓展阅读进而得到更多更广的资料和信息。当然，这部书和此项研究也绝非尽善尽美，对于旧石器时代人类装饰品的行为和象征意义以及区域间的特点及多样性，还有继续发掘和阐释的空间；最近水洞沟团队和国外合作者针对遗址第2地点出土的装饰品发表了几篇新的研究论文，而此书因编辑的要求未能把相关的信息纳入其中，减弱了该书的时效性，让人感觉些许遗憾。但研无止境，

　　　　　　　　　/ 鸵鸟蛋皮串珠：不止于装饰

书无完品。相信这本书已经包含了足够量的信息，读者定会从中得到有用的知识和有益的启示，也相信作者会在学术的道路上越走越宽，越走越远！

高星

中国科学院古脊椎动物与古人类研究所

2017 年 10 月 31 日于北京

第一章　驼鸟蛋皮串珠的发现及其象征性意义

　　在过去几十年里，旧石器考古学者们对中国北方进行了一系列旧石器考古的调查与发掘，除了出土大量石制品外，还发现了数量众多的装饰品，例如宁夏水洞沟、河北虎头梁、山西柿子滩、辽宁小孤山、河南安阳小南海、山西朔县峙峪等遗址。丰富的考古学材料为研究旧石器文化的发展趋势奠定了坚实的基础，同时也为阐释装饰品的象征性意义及原始艺术的起源提供了重要的材料。

　　原始艺术的起源是个古老而时尚的话题。原始艺术的形成实际上意味着抽象思维活动的概念化，也就是把思维活动的格局转变为名副其实的概念①，这种抽象思维创造行为的多样化发展，促使一部分实用工具上的形式因素完全摆脱了功能属性的束缚，从而产生了史前人类审美意识的多种载体，如装饰品、雕像、泥塑、壁画等。最近在南非、近东及东亚地区旧石器遗址内发现了大量个人装饰品，这些原始艺术产品都被认为是有关原始人类艺术创作起源的最早的考古发现和现代人类行为的最早记录。近年来，东亚地区现代人起

---

① 张晓凌：《中国原始艺术精神》，重庆出版社，2005，第 28 页；诸葛铠：《中国装饰艺术发生期的文化特征民族艺术》，《民族艺术》2008 年第 3 期，第 61～62 页。

源的时间和地域以及原始艺术的起源问题逐渐成为古人类学界和旧石器考古学界学术研究的热点问题，学者们也都致力于寻找新的材料和测年证据来解决这一科学问题。

目前，学术界对旧石器时代古人类的适应生存方式及其生活的社会组织、精神领域等方面还未完全阐释清楚。最近，非洲、欧洲以及近东地区旧石器时代晚期遗址的研究所获得的材料反映出古人类的社会组织、精神领域等方面发生的变化要比发展中的石器技术的变化强烈得多。在末次冰期之前，古人类扩大了他们的活动范围，并且开始生产非实用性产品——个人装饰品，它们被认为是古人类精神领域内发生变化最生动、最具体的代表。这些装饰品的生产和佩戴可以解释为人类群体和个人的认同感。这些装饰品可能作为佩戴者个人身份地位的象征，或者与各种祭祀活动联系在一起。

第一节　世界范围内旧石器时代个人装饰品的大量发现及相关争议性问题

近年来，随着考古发掘获取材料的增加以及测年技术水平和精度的提高，学者们发现了大量年代较为可靠的旧石器时代个人装饰品。它们应是古人类行为的产物，是古人类有意识地制作出来的，具有原始艺术萌芽色彩。事实上，象征性行为并非旧石器时代晚期所特有的特征，这种具有象征性行为的原始人类作品很早就已经出现了，诸如我国三峡地区兴隆洞出土的带有成组刻划痕迹的剑齿象门齿（120～150ka BP）[①]、以色列的 Es-Skhul 岩厦遗址出土的钻孔贝壳（100～135ka BP）[②]、南非 Klasies River Mouth 洞穴出土的两件带有刻痕的骨片（100ka BP）[③]、南非 Qafzeh 遗址出土的钻孔贝壳（90～100ka BP）[④]、北非的 Grotte des Pigeons 发现的穿孔贝壳（82ka BP）[⑤]、南非 Blombos 洞穴发现的带有几何形刻划图案的赭石块（77ka BP）[⑥]、俄罗斯阿尔泰地区 Denisova 洞穴发现的穿孔兽牙（69±17ka BP）[⑦]、南非 Sibudu 洞穴发现的穿孔贝壳（60～

① 高星等：《三峡兴隆洞出土12～15万年前的古人类化石和象牙刻划》，《科学通报》2003年第48卷第23期，第2466～2472页。
② Marian Vanhaeren, et al. , "Middle Paleolithic Shell Beads in Israel and Algeria," *Science* 312（2006）：1785－1788.
③ Francesco d'Errico, et al. , "Archaeological Evidence for the Emergence of Language, Symbolism, and Music—An Alternative Multidisciplinary Perspective," *Journal of World Prehistory* 17（2003）：1－70.
④ Marian Vanhaeren, et al. , "Middle Paleolithic Shell Beads in Israel and Algeria," *Science* 312（2006）：1785－1788.
⑤ Abdeljalil Bouzouggara, et al. , "82,000-Year-Old Shell Beads from North Africa and Implications for The Origins of Modern Human Behavior," *PNAS* 104（2007）：9964－9969.
⑥ H. Christopher, et al. , "Middle Stone Age Shell Beads from South Africa," *Science* 304（2004）：404.
⑦ A. P. Derevianko, "The Middle to Upper Paleolithic Transition in the Altai," *Archaeology, Ethnology and Anthropology of Eurasia* 3（2001）：70－103.

70ka BP）① （见彩图1）、南非开普敦西部 Diepkloof 岩厦遗址出土的有刻划痕迹的鸵鸟蛋壳碎片（＞55000BP）②、匈牙利 Tata 地区出土的经过切割磨制的哺乳动物臼齿板（50～100ka BP）③、俄罗斯阿尔泰地区 Kara-Bom 遗址发现的染色穿孔兽牙及骨片（43300 ± 1600BP）、黎凡特（Levant）地区土耳其 Üçağızlı 发现的穿孔贝壳（41～43ka BP）④、黎巴嫩 Ksar'Akil 遗址出土的钻孔贝壳（约 40ka BP）⑤ 及阿尔及利亚的 Oued Djebbana 遗址出土的穿孔贝壳（＞35000BP）⑥ 等（见彩图2、彩图3、彩图4）。然而，这些地区的新发现引发了巨大的争议，其焦点在于尼安德特人是否有能力做出

① Francesco Errico, et al., "Possible Shell Beads from the Middle Stone Age layers of Sibudu Cave, South Africa," *Journal of Archaeological Science* 35 (2008): 2675 – 2685.

② J. Parkington, et al., "From Tool to Symbol: the Behavioural Context of Intentionally Marked Ostrich Eggshell from Diepkloof, Western Cape," in F. d'Errico, L. Backwell eds., *From Tools to Symbols. From Early Hominids to Modern Humans* (Johannesburg: Witwatersrand University Press, 2005), pp. 475 – 492.

③ Joao Zilhao, "The Emergence of Ornaments and Art: An Archaeological Perspective on the Origins of 'Behavioral Modernity'," *Journal of Archaeological Research* 15 (2007): 1 – 54.

④ Steven L. Kuhn, et al., "Ornaments of the Earliest Upper Paleolithic: New Insights from the Levant," *PNAS* 98 (2001): 7641 – 7646.

⑤ Steven L. Kuhn, et al., "Ornaments of the Earliest Upper Paleolithic: New Insights from the Levant," *PNAS* 98 (2011): 7641 – 7646.

⑥ Joao Zilhao, "The Emergence of Ornaments and Art: An Archaeological Perspective on the Origins of 'Behavioral Modernity'," *Journal of Archaeological Research* 15 (2007): 1 – 54.

这种复杂的象征性行为，如果尼安德特人不是这些复杂的人类行为的制造者，那么很有可能现代人是这些装饰品的主人，但是现代人能出现在那么早的阶段吗？这也由此引发了一系列问题，原始艺术的诞生或者个人装饰品的出现，究竟是现代人（晚期智人，*Homo sapiens sapiens*）所特有还是其与尼安德特人（*Neandertals*）所共有。

迄今为止，这个问题尚无定论，有学者提出：新发现的这些艺术和象征性行为是两种不同人种类型的人类相互交流的结果，且随着人类群体复杂程度的提高，也产生了个人和人类群体的自我认同感。西伯利亚地区新发现的古人类学材料——俄罗斯阿尔泰地区 Denisova 洞穴和 Okladnikov 洞穴遗址发现的旧石器时代中期人类牙齿化石[①]，为解决这个难题提供了重要材料。根据其测量形状，这些牙齿化石属于晚期智人，但值得注意的是，牙齿的非测量形状体现了在较早阶段就存在东、西方人种混杂的现象。虽然证据有限，但还是体现出了这一地区人类的连续进化。解决这个问题的关键是需要将来深入研究各个地区石器工业的发展序列，以证明当地旧石器时代中期、晚期石器工业的连续发展。此外，还需要寻找更多的古人类学方面的证据。

---

① E. G. Shpakova, A. P. Derevianko, "The Interpretation of Odontological Features of Pleistocene Human Remains from the Altai," *Archaeology*, *Ethnology and Anthropology of Eurasia* 1 (2000): 125 - 138.

第二节　旧石器时代鸵鸟蛋皮串珠与
相关民族学资料

在过去几十年里，我国旧石器考古学家们进行了一系列考古学调查与发掘，在出土大量石制品的同时，也发现了丰富的、由各种原料制成的各种类型装饰品，它们属于旧石器时代中期向晚期的过渡阶段及旧石器晚期。丰富的考古学材料为研究物质文化的发展趋势奠定了坚实的基础，同时，也为复原 OIS3 阶段的古环境提供了重要材料。例如，20 世纪 30 年代，在北京房山龙骨山山顶洞遗址内出土了一批装饰品，包括穿孔兽牙、海蚶壳、青鱼眶上骨、骨管及石珠[①]；20 世纪 80 年代，在辽宁海城小孤山遗址出土了穿孔兽牙和蚌壳[②]；河北泥河湾盆地虎头梁遗址出土了一批较为丰富的装饰品，包括穿孔贝壳、鸵鸟蛋壳、鸟的管状骨制成的扁珠及穿孔石珠等[③]；在山西朔县峙峪遗址出土了一件钻孔石墨佩戴具[④]；河南安阳小南

---

① 张森水：《中国旧石器文化》，天津科学技术出版社，1987，第 230 页。
② 黄慰文等：《海城小孤山的骨制品和装饰品》，《人类学学报》1986 年第 5 卷第 3 期，第 259～266 页。
③ 盖培等：《虎头梁旧石器时代晚期遗址发掘报告》，《古脊椎动物与古人类》1977 年第 15 卷第 4 期，第 287～300 页。
④ 贾兰坡等：《山西峙峪旧石器时代遗址发掘报告》，《考古学报》1972 年第 1期，第 39～58 页。

海遗址出土了一件有孔石珠①；宁夏灵武水洞沟遗址发现了由鸵鸟蛋皮制成的串珠②（见彩图5）。由此可以看出，旧石器时代古人类一般会选择兽牙及兽骨、鱼骨、各种贝壳、鸵鸟蛋皮及石头等原料，通过修整、磨制、钻孔、刻划等工序制作各种类型装饰品。在民族学材料里，这些个人装饰品被认为是原始艺术及抽象思维变化最生动、最具体的代表。这些装饰品的生产和佩戴可以解释为人类群体和个人的认同感。这些装饰品可能作为佩戴者个人身份和地位的象征，或者与各种祭祀活动联系在一起。

个人装饰品中的串珠被定义为体形较小的、可以长期使用的并被钻孔的悬挂物或挂饰。旧石器时代串珠及其他装饰品的出现被认为是人类行为、思维能力和认知水平发展的重要标志之一。它们也被作为古人类具有象征性行为的重要证据。串珠是直接与其他挂饰相互搭配串起来佩戴在古人类身体上还是悬挂在古人类所穿的兽皮上，这些都不得而知，但是，根据历史时期的民族学材料，串珠无论如何使用，都起着改变或提高佩戴者形象的重要作用，并向外界传达一些信息。

旧石器时代晚期的鸵鸟蛋皮串珠主要发现于华北地区。1923

---

① 安志敏：《河南安阳小南海旧石器时代洞穴堆积的试掘》，《考古学报》1955年第1期，第1~27页。
② 贾兰坡等：《水洞沟旧石器时代遗址的新材料》，《古脊椎动物与古人类》1964年第8卷第1期，第75~83页。

年，法国古生物学家德日进（P. Teilhard de Chardin）和桑志华（E. Licent）在内蒙古和宁夏地区进行古生物和考古调查时，于灵武县水洞沟发现了旧石器遗址，编号了 5 处地点，并对第 1 地点进行了首次发掘[①]。1960、1963 和 1980 年，我国考古学家又对该地点进行了三次发掘，出土了丰富的文化遗存和动物化石[②]，其中包含一件用鸵鸟蛋皮制成的带有穿孔的环状装饰品，且边缘略经打磨。中国科学院古脊椎动物与古人类研究所和宁夏文物考古研究所于 2002 年 4～5 月及 2003 年 4 月对该地区进行了多次地质和考古调查，新发现近 20 处地点[③]；并于 2003～2005 年和 2007 年对该遗址中的第 2、7、8、9 及 12 共 5 个地点进行了系统的考古发掘，出土了大量石制品；同时，在第 2、7、8 地点的文化层中出土了相当数量的由鸵鸟蛋皮加工而成的环状装饰品[④]，个体很小，多单向钻孔，有的边缘保留琢击或压制的痕迹，有的标本上有赤铁矿粉痕迹（见彩图 6）。这些发现为研究当时人类的行为模式和审美能力提供了重要的信息。此

① E. Licent，P. Teilhard de Chardin."Le Paleolithique de la Chine," *L' Anthropologie* 35（1925）：201 - 234.
② 宁夏博物馆、宁夏地质局区域地质调查队：《1980 年水洞沟遗址发掘报告》，《考古学报》1987 年第 4 期，第 439～449 页；宁夏文物考古研究所编著《水洞沟——1980 年发掘报告》，科学出版社，2003。
③ 高星等：《宁夏旧石器考古调查报告》，《人类学学报》2004 年第 23 卷第 4 期，第 307～325 页。
④ 高星等：《中国学者重新发掘宁夏水洞沟遗址》，《中国文物报》2003 年 12 月 19 日，第 1～2 版。

外，在我国泥河湾盆地旧石器时代晚期的虎头梁遗址出土了8件鸵鸟蛋皮制成的扁珠，均呈圆形，直径4～6毫米不等，孔径最大的达2毫米，厚度不均，有的扁珠内孔和外缘均光滑，有学者推测这可能是长期佩戴所致。

鸵鸟蛋皮串珠的制作及使用在国内外的一些民族学材料和研究中多有涉及，它是由破碎的鸵鸟蛋皮经过修型、钻孔、磨光等程序制成的。鸵鸟蛋最初是为了满足古人类摄取营养的，而后又由于其破碎后的蛋壳较为坚硬致密，个体较大，因此被用来作为容器[①]；而鸵鸟蛋皮串珠的最初制作可能源自古人类有意或无意地造成了鸵鸟蛋的破碎。大的蛋壳碎片直接被制成一些大的装饰品，如挂饰等；而一些相对较小的碎片被加工至较小的尺寸，并储存在鸵鸟蛋壳的容器内。根据一系列民族学材料和南非、纳米比亚等地旧石器时代遗址发现的鸵鸟蛋皮串珠的特征来看（见彩图6），这种串珠的生产路线主要有两种：生产路线1（pathway 1）为在对毛坯进行修型之前，先进行钻孔；生产路线2（pathway 2）为先将蛋皮毛坯进行修型，大致修成圆形，再进行钻孔及抛光等步骤[②]。在这两种生产路

① H. C. Beck, "Classification and Nomenclature of Beads and Pendants," *Archaeologia* 77（1928）: 1 – 76.

② Jayson Orton, "Later Stone Age Ostrich Eggshell Bead Manufacture in the Northern Cape, South Africa," *Journal of Archaeological Science* 35（2008）: 1765 – 1775.

线过程之中及之后，可能会对串珠毛坯进行烘烤及使用矿物质染料进行染色。

第三节　鸵鸟蛋皮串珠的象征性意义

对于个人装饰品的象征性意义研究，与原始艺术起源的研究一样，也不外乎以下三种途径①。一是从旧石器考古学研究的角度对个人装饰品以及相关遗迹现象进行分析研究；二是对现代残存的原始部落的艺术等民族学材料进行分析研究；三是从儿童艺术心理学方面所进行的分析研究，因为在 20 世纪 70 年代美国考古学家 Wynn② 将瑞士心理学家皮亚杰的儿童智力发展模式③引入考古学中，试图从石器生产的特点来评估史前人类的认知能力，运用皮亚杰的个体认知发展阶段来重建人类种系发生的智力演化过程，并采用一系列空间概念从石器加工所反映的特点来分析不同阶段人类的智力演化水平。实际上，第一种方法是最为重要的，但通过发现的个人装饰品以及伴生的石制品组合去复原或重建史前人类的文化形态或艺

---

① 朱狄：《艺术的起源》，武汉大学出版社，2007，第 20~24 页。

② S. Mithen, "Paleolithic Archaeology and the Evolution of Mind," *Journal of Archaeological Research* 3 (1995): 305–332.

③ J. L. Phillips, *Piaget's Theory: A Primer* (San Francisco: W. H. Freeman and Company, 1981).

　　　　　　　　　　　/ 鸵 鸟 蛋 皮 串 珠 ： 不 止 于 装 饰

术形态，解读个人装饰品的象征性意义，是相当困难的。另外，皮亚杰的儿童智力发展模式和欧美近年来兴起的认知考古学仅对了解石器技术的复杂性有一定的作用，只作为一种可观察的手段来衡量古人类的认知能力，且尚未完善，很少用于对装饰品的阐释。因此，解读旧石器时代晚期遗址内出土个人装饰品的象征性意义就主要依靠现代民族学资料的佐证。

串珠通常被人类学家或者民族学家用来作为研究复杂象征性行为及古人类交流的重要材料。与现代民族学材料进行类比，我们会发现串珠在人类群体、组织之间的信息交流方面起着重要的作用，与文身、身体彩绘等身体性装饰一样，被看作信息交流的重要媒介之一。

为了更好地阐释与探讨串珠作为信息传递重要因素的本质，我们将引入 Schiffer 和 Skibo 的性能特性（performance characteristic）的概念①，将鸵鸟蛋皮串珠与其他原料制成的个人装饰品区分开来。民族学材料中记载，在南非一些地区的原始部落中，鸵鸟蛋皮串珠一般与鸟类骨骼或贝壳制成的垂饰以及臂环等组合起来，悬挂在衣服上或者佩戴在脖子上使用，能够起到改变佩戴者的形象，甚至提

---

① M. B. Schiffer, J. Skibo, "Theory and Experiment in the Study of Technological Change," *Current Anthropology* 28 (1987): 595 – 622.

高其地位的作用①。

年代最早的鸵鸟蛋皮串珠被报道发现于非洲中期石器时代（MSA）的 Mumba 洞穴遗址内，但是其年代不是很确定②。而发现最早的有确信年代数据的鸵鸟蛋皮串珠出土于晚期石器时代（LSA）东非地区的遗址（40ka BP）③。由此可以看出，串珠及其他装饰品在尼安德特人及晚期智人的文化生活中是普遍存在的，它们在古人类的日常生活中起着重要的作用。根据历史时期和现代民族学的材料，从一般意义上讲，如果一个人佩戴了像串珠这样具有象征意义的个人装饰品，通常会将自己的一些想法甚至个人认同感传达给不同的信息受众。佩戴这些个人装饰品可能体现出佩戴者的年龄、所属族群、姻亲关系、社会地位、财富水平等个人信息④，比如南亚

① Christopher S. Henshilwood, et al., "Emergence of Modern Human Behavior: Middle Stone Age Engravings from South Africa," *Science* 1278 (2002): 295.

② Sally McBrearty, Alison S. Brooks, "The Revolution That Wasn't: a New Interpretation of the Origin of Modern Human Behavior," *Journal of Human Evolution* 39 (2000): 453 – 563.

③ Stanley H. Ambrose, "Chronology of the Later Stone Age and Food Production in East Africa," *Journal of Archaeological Science* 25 (1998): 377 – 392.

④ S. Kuhn, M. Stiner, "Body Ornamentation as Information Technology: towards an Understanding of the Significance of Early Beads," in K. Boyle, Paul A. Mellars, Katherine V. Boyle, Ofer Bar-Yosef, Chris Stringer, eds., *Rethinking the Human Revolution: New Behavioural and Biological and Perspectives on the Origins and Dispersal of Modern Human* (Cambridge: MacDonald Institute of Archaeology, 2007), pp. 56 – 73.

大安达曼群岛上的土著居民个人饰物所体现的各种信息①。通常这些信息不仅会传达给与佩戴者有着一定文化联系或背景的信息受众，而且还可以传达给一些不同族群的人——"亲密的陌生人"（intimate strangers)②，以获取更广泛的认同感。由此可知，串珠等个人装饰品就是一种传达个人信息的媒介或载体。事实上，旧石器时代的串珠等装饰品的功能、作用也与历史时期及现代民族学材料所记载的较为相似，但研究者们没能获取更多的信息，这是由于缺乏与之相关的文化背景及材料（contextual data）来解释这些蕴藏的象征性行为的信息。旧石器时代遗址内所发现的这些串珠由于不同于矿物质染料等装饰品，具有易保存、易获取、易于达到产品标准化等特点。它们可以长时间使用，甚至可以代代相传，扩大整个族群社会与外界交流的规模，将信息传递给更加广泛的人群和传播到更远的地理范围，从而反映出古人类的生产力水平、生态环境的变化以及相关的人口信息。

---

① 拉德克利夫·布朗：《安达曼岛人》，梁粤译，广西师范大学出版社，2005，第 359～365 页。

② S. Kuhn, M. Stiner, "Body Ornamentation as Information Technology: towards an Understanding of the Significance of Early Beads," in K. Boyle, Paul A. Mellars, Katherine V. Boyle, Ofer Bar-Yosef, Chris Stringer, eds., *Rethinking the Human Revolution: New Behavioural and Biological and Perspectives on the Origins and Dispersal of Modern Human* (Cambridge: MacDonald Institute of Archaeology, 2007), pp. 56 – 73.

考古学及民族学材料都反映出从旧石器时代中期偏晚阶段开始，串珠开始出现并逐渐流行起来，直至旧石器时代晚期鸵鸟蛋皮制成的串珠在非洲、近东、东亚地区广泛流行，他们在古人类生活中起着重要的作用。通常在人类学中，衣服、文身、串珠等都是人类群体对外交流的重要媒介。一般情况下，作为个人装饰品语言较小的组成部分，佩戴者通常通过串珠来表示自己的身份或者某种特性。佩戴者通过佩戴的串珠反映他们的年龄、社会组织、姻亲关系、社会地位以及所拥有的财富程度[①]。此外，串珠上所蕴含的信息还可以用来区分不同的种族或者人类群体[②]。同时，这些个人装饰品在佩戴者之间还能帮助传递一些信息，使他们相互之间能够感受到双方是"关系较为亲密的"[③]。如果将串珠等个人装饰品看作个人或群体信息交流的媒介物，那么我们也可将其看作类似于电话、电报、广告牌等的一种古老的信息传递技术。从民族学材料来看，旧石器

---

① 拉德克利夫·布朗：《安达曼岛人》，梁粤译，广西师范大学出版社，2005，第 359～365 页。

② H. M. Wobst, "Stylistic Behavior and Information Exchange," in C. E. Cleland eds., For the Director: Research Essays in Honor of James B. Griffin (Ann Arbor: The University of Michigan Press, 1977), pp. 317 – 342.

③ S. Kuhn and M. Stiner, "Body Ornamentation as Information Technology: towards an Understanding of the Significance of Early Beads," in P. Mellars, Katie Boyle, O. Bar-Yosef and C. Stringer eds., Rethinking the Human Revolution: New Behavioural and Biological and Perspectives on the Origins and Dispersal of Modern Humans (Cambridge: MacDonald Institute of Archaeology, 2007), pp. 45 – 54.

时代的个人装饰品中蕴含了丰富的资料，但我们很难最大限度地将其阐释出来，这是因为目前在旧石器时代遗址内所发现的考古证据缺少较丰富的资料，与历史时期相似的遗物也缺乏一定的延续性，我们所拥有的只是个人装饰品的较破碎的信息。因而，大多数旧石器考古学家还是将串珠等个人装饰品作为传递信息的媒介，并以此为主要的解释[①]。

此外，串珠等个人装饰品除了作为传递信息的媒介，根据民族志的材料，还具有辟邪、祛病、防身等象征性功能，如布须曼人选取一些动物的牙齿、兽角或者龟壳，将其钻孔悬挂于脖子上，以借助这些神灵来保护村落里人们的身体健康[②]；印度大安达曼岛人在举行仪式或祭祀时，身上除了涂上特殊的颜色之外，都佩戴大量装饰品以象征其财富及地位，将贝壳、兽牙、人骨以及竹箭杆穿孔并用绳子穿起来佩戴[③]。由此可见，这些个人装饰品在传递信息的同时，也与宗教祭祀活动密不可分。

然而，关于鸵鸟蛋皮装饰品的研究，目前还存在诸多问题。例

---

① 安家瑗：《旧石器时代晚期佩带具的功能及含义》，《中国历史博物馆刊》1995 年第 2 期，第 3～11 页。

② I. Plug, "Bone Tools and Shell, Bone and Ostrich Eggshell Beads from Bushman Rock Shelter（BRS），Eastern Transvaal," *South African Archaeological Bulletin* 37（1982）：57－62.

③ 拉德克利夫·布朗：《安达曼岛人》，梁粤译，广西师范大学出版社，2005，第 359～365 页。

如，为什么要制作串珠？如何制作串珠？如何选择制作串珠的各种原料？制作什么样的串珠？如何使用这些串珠？这些问题依旧没有解决。这需要我们将来继续深入研究、分析比较旧石器时代各个阶段不同地域内所发现的类似于串珠的个人装饰品传统。地域的限制及生态环境的不断变化，会使古人类为适应当地生态环境而采取多种适应生存方式，从而也使不同地域内个人装饰品呈现出不同的发展脉络。同时，串珠等个人装饰品反过来也会反映当时的环境、人口等因素的变化情况。

第二章 鸵鸟蛋皮串珠的研究背景

原始艺术的形成实际上意味着抽象思维活动的概念化，也就是把思维活动的格局转变为名副其实的概念[1]，这种抽象思维创造行为的多样化发展，促使一部分实用工具的形式因素完全摆脱了功能属性的束缚，从而产生了史前人类审美意识的多种载体，如装饰品、雕像、泥塑、壁画等。最近在以色列 Es-Skhul 岩厦遗址发现的 100~135ka[2] 前的贝壳装饰品[3]、我国三峡地区兴隆洞出土的 120~155ka 前带有成组刻划痕迹的剑齿象门齿[4]、北非 Grotte des Pigeons（Taforalt Morocco）遗址发现的 82ka 前的贝壳串珠[5]以及南非 Blombos 洞穴遗址出土的 77ka 前的带有几何形刻划图案的

---

[1]　张晓凌:《中国原始艺术精神》，重庆出版社，2005，第28页。

[2]　ka 代表千年，是旧石器考古研究中惯用的表示方法。下同。

[3]　Marian Vanhaeren, et al., "Middle Paleolithic Shell Beads in Israel and Algeria," *Science* 312（2006）: 1785–1788.

[4]　高星等:《三峡兴隆洞出土 12~15 万年前的古人类化石和象牙刻划》，《科学通报》2003 年第 48 卷第 23 期，第 2466~2472 页。

[5]　Abdeljalil Bouzouggara, et al., "82,000-Year-Old Shell Beads from North Africa and Implications for The Origins of Modern Human Behavior," *PNAS* 104（2007）: 9964–9969.

赭石块①等原始艺术产品，都被认为是有关原始人类艺术创作起源的最早的考古发现和现代人类行为的最早记录。近年来，东亚地区现代人起源的时间和地域以及原始艺术的起源问题逐渐成为古人类学界和旧石器考古学界学术研究的热点，学者们也都致力于寻找新的材料和测年证据来解决这一科学问题。

串珠（bead）被定义为体形较小的、可以长期使用的并被钻孔的悬挂物或挂饰②。旧石器时代串珠及其他装饰品的出现被认为是人类行为、思维能力和认知水平发展的重要标志之一。它们也被作为古人类具有象征性行为的重要证据。串珠是直接与其他挂饰相互搭配串起来佩戴在古人类身体上还是悬挂在古人类所穿的兽皮上，这些都不得而知，但是根据历史时期的民族学材料，串珠无论如何使用，都起着改变或提高佩戴者形象的重要作用，并向外界传达一些信息③。

鸵鸟蛋皮串珠的制作和使用在国内外的一些民族学材料和研

---

① H. Christopher, et al., "Middle Stone Age Shell Beads from South Africa," *Science* 304 (2004): 404.

② S. Kuhn and M. Stiner, "Body Ornamentation as Information Technology: towards an Understanding of the Significance of Early Beads," in P. Mellars, Katie Boyle, O. Bar-Yosef and C. Stringer eds., *Rethinking the Human Revolution: New Behavioural and Biological and Perspectives on the Origins and Dispersal of Modern Humans* (Cambridge: MacDonald Institute of Archaeology, 2007), pp. 45 – 54.

③ S. L. Kuhn and M. C. Stiner, "Paleolithic Ornaments: Implications for Cognition, Demography and Identity," *Diogenes* 2 (2007): 40 – 48.

　　　　　　　　　　　/ 鸵鸟蛋皮串珠：不止于装饰

究中多有涉及，它是由破碎的鸵鸟蛋皮经过修型、钻孔、磨光等工序而制成的。鸵鸟蛋最初是为了满足古人类摄取营养的，而后由于其破碎后的蛋壳较为坚硬致密，个体较大，被用来作为容器；而鸵鸟蛋皮串珠的最初制作可能源自古人类有意或无意地造成鸵鸟蛋的破碎。大的蛋壳碎片直接被制成一些大的装饰品，如挂饰等；而一些相对较小的碎片被加工至较小的尺寸，并储存在鸵鸟蛋壳的容器内。根据一系列民族学材料和南非、纳米比亚等地旧石器时代遗址发现的鸵鸟蛋皮串珠的特征来看，这种串珠的制作工序主要有两种：生产路线1（pathway 1）为在对毛坯进行修型之前，先进行钻孔；生产路线2（pathway 2）为先将蛋皮毛坯进行修型，大致修成圆形，再进行钻孔及抛光等步骤[1]。在这两种工序过程之中及之后，可能会对串珠毛坯进行烘烤及使用矿物质染料进行染色。

早在20世纪中叶，古人类学家、旧石器考古学家就一直致力于现代人起源和扩散问题的研究并存在较大的争议，相应地也对现代人的文化行为起源及其相关问题进行了探索，但存在很多分歧，如现代人在何时产生、如何产生象征性思维，这些概念如何被界定等。

---

① Jayson Orton, "Later Stone Age Ostrich Eggshell Bead Manufacture in the Northern Cape, South Africa," *Journal of Archaeological Science* 35 （2008）: 1765 – 1775.

不管这种象征性思维是突然产生还是逐步形成的，个人装饰品的出现是解决这些问题的关键之一。近年来，在南非 Blombos①、Diepkloof 及 Sibudu②，阿尔及利亚 Oued Djebbana③，以色列 Es-Skhul，北非 Grotte des Pigeons④，黎凡特（Levant）地区土耳其 Ùçağzılı 及 Ksar'Akil（黎巴嫩）⑤，俄罗斯阿尔泰地区 Denisova 等遗址发现了大量装饰品，如穿孔的兽牙及兽骨、带有几何形刻划图案的赭石块、贝壳及鸵鸟蛋皮制成的串珠或挂饰等⑥。诚然，考古记录中个人装饰品的存在，不能完全反映出现代人行为最早产生的时间以及详细的发展脉络，然而它能为解决古人类象征性行为的产生与发展、原始艺术的起源与传播问题提供一个重要的启示。

---

① Christopher S. Henshilwood, et al., "Emergence of Modern Human Behavior: Middle Stone Age Engravings from South Africa," *Science* 1278 (2002): 295.

② Francesco Errico, et al., "Possible Shell Beads from the Middle Stone Age Layers of Sibudu Cave, South Africa," *Journal of Archaeological Science* 35 (2008): 2675 – 2685.

③ Marian Vanhaeren, et al., "Middle Paleolithic Shell Beads in Israel and Algeria," *Science* 312 (2006): 1785 – 1788.

④ Abdeljalil Bouzouggara, et al., "82,000-Year-Old Shell Beads from North Africa and Implications for The Origins of Modern Human Behavior," *PNAS* 104 (2007): 9964 – 9969.

⑤ Steven L. Kuhn, et al., "Ornaments of the Earliest Upper Paleolithic: New Insights from the Levant," *PNAS* 98 (2011): 7641 – 7646.

⑥ E. G. Shpakova, A. P. Derevianko, "The Interpretation of Odontological Features of Pleistocene Human Remains from the Altai," *Archaeology, Ethnology and Anthropology of Eurasia* 1 (2000): 125 – 138.

1923 年，法国古生物学家桑志华和德日进在内蒙古和宁夏地区进行古生物和考古调查时，于灵武县水洞沟发现了旧石器遗址，编号为 5 处地点，并对第 1 地点进行了首次发掘①。1960、1963 和 1980 年，我国考古工作者又对该地点进行了三次发掘，出土了丰富的文化遗存和动物化石，其中包括一件用鸵鸟蛋皮制成的带有穿孔的环状装饰品，且边缘略经打磨②。中国科学院古脊椎动物与古人类研究所和宁夏文物考古研究所于 2002 年 4～5 月及 2003 年 4 月对该地区进行了多次地质和考古调查，新发现近 20 处地点③；并于 2003～2005 年和 2007 年对该遗址的第 2、7、8、9 及 12 共 5 个地点进行了系统的考古发掘，出土了大量石制品；同时在第 2、7、8 地点的文化层中出土了相当数量的鸵鸟蛋皮加工而成的环状装饰品（见彩图 6，C），它们个体很小，多单向钻孔，有的边缘保留琢击或压制的痕迹，有的标本上有赤铁矿粉痕迹④。这些发现为研究当时人类的行为模式和审美能力提供了重要的信息。2008 年 10 月中旬，

---

① E. Licent, P. Teilhard de Chardin, "Le Paleolithique de la Chine," *L' Anthropologie* 35 (1925): 201-234.

② 宁夏博物馆、宁夏地质局区域地质调查队：《1980 年水洞沟遗址发掘报告》，《考古学报》1987 年第 4 期，第 439～449 页。

③ 高星等：《宁夏旧石器考古调查报告》，《人类学学报》2004 年第 23 卷第 4 期，第 307～325 页。

④ 高星等：《中国学者重新发掘宁夏水洞沟遗址》，《中国文物报》2003 年 12 月 19 日，第 1～2 版。

中国科学院古脊椎动物与古人类研究所在对水洞沟诸地点进行石器原材料来源地调查时，在水洞沟第 12 地点（SDG12）以北约 2 千米处的地表上采集了 100 余件鸵鸟蛋皮化石碎片，其中可以辨认出处于各个生产阶段的串珠 54 件[①]。这些鸵鸟蛋皮装饰品的发现，为研究史前原始艺术的起源和发展以及现代人在东亚地区的扩散提供了重要的信息。

---

① 王春雪等：《水洞沟遗址采集的鸵鸟蛋皮装饰品研究》，《科学通报》2009 年第 54 卷第 19 期，第 2886～2894 页。

第三章 水洞沟遗址与环境

第一节 水洞沟遗址概况

水洞沟遗址于 1923 年由法国古生物学家桑志华和德日进在宁夏灵武的边沟河流域发现,当时命名了 5 个地点(第 1~5 地点),并对第 1 地点进行了首次发掘。这次发掘采用自上而下逐层有序的方式进行,除发现了丰富的石制品外,还发现了烧骨和炭屑,此外还有动物化石和较多的鸵鸟蛋碎片。他们还在水洞沟地区进行了更大范围的调查,认为在整个水洞沟盆地的黄土中"都埋藏着许多完全一致的旧石器时代制作场遗址,这是由黄土形成期间住在该区域的居民留下的"。不久桑志华和德日进等逐步发表了在水洞沟调查、发掘的报告。在研究中,他们将水洞沟的石制品与法国旧石器文化中期和晚期的莫斯特、奥瑞纳、梭鲁特文化期的石制品进行了比较,发现水洞沟文化组合中存在的相当数量的石制品与欧洲的莫斯特文化和奥瑞纳文化的石制品十分相似,因此认为水洞沟石器工业"好像处在很发达的莫斯特文化和正在成长的奥瑞纳文化之间的半路上,或者是两个文化的混合体"①。水洞沟遗址的发现和发掘，纠正了"中国没有旧石器时代文化"的论断，谱写了中国旧石器时代文化研究的新篇章②。

1960 年中苏古生物考察队对第 1 地点进行了第二次发掘，出土了约 200 件石制品。研究者认为水洞沟遗址的典型石器有尖状器、刮削器和砍斫器，有些尖状器"完全可以和欧洲的典型莫斯特尖状器相比"，水洞沟的半圆形刮削器"与欧洲旧石器时代中期（莫斯特文化期）的'新月状刮削器'相比，尽管原料有所不同，加工方法和器形却有一定程度的近似"③。1963 年，中国科学院古脊椎动物与古人类研究所在此进行了第三次发掘。这次发掘除在原先文化层内发现了大量的旧石器时代文化遗物外，还在"河湖相粉砂下的底砾中，发现了磨光石器和石磨盘，因此可以证明它的堆积时期是全新世，是新石器时代，而不是旧石器时代"，从而第一次明确了水洞沟遗址不是单一的旧石器时代遗址，而是历经旧石器时代和新石器时代两个不同时代的遗址。研究者认为，水洞沟文化以石叶为主要特征，石片石器占石器的 80%，而以石叶为毛坯加工修理成的石器

① E. Licent, P. Teilhard de Chardin, "Le Paleolithique de la Chine," *L'Anthropologie* 35 （1925）: 201-234.
② 张森水:《中国旧石器文化》，天津科学技术出版社，1987，第 230 页。
③ 贾兰坡等:《水洞沟旧石器时代遗址的新材料》，《古脊椎动物与古人类》1964 年第 8 卷第 1 期，第 75~83 页。

/ 鸵鸟蛋皮串珠：不止于装饰

则占 20%。石片台面多经修理，还有较规整的三角形石片。石叶制品有刮削器、端刮器和尖状器，此外还发现有穿孔鸵鸟蛋皮饰品，从而进一步确定了水洞沟文化属于旧石器时代晚期文化。对水洞沟石器工业的研究显示水洞沟石器的修理主要是使用硬锤锤击法，以向背面加工为主；而个别石器则可能采用了指垫法修理。长石片的生产和修理，则很可能使用了软锤锤击法①。

1980 年宁夏博物馆和宁夏地质局区域地质调查队联合对水洞沟第 1 地点再一次进行系统的发掘②。这次发掘注意到了地质地层和年代测定样品的采集，发掘自上而下按不同的地层沉积逐层进行，在文化层内发现了石制品 6700 件，还有面积为 0.25 平方米（0.5 米 × 0.5 米）、厚 5 厘米的灰烬面，骨屑和动物牙齿的混合物，以及动物化石 63 件。研究者对水洞沟遗址的显著特点进行了初步归纳：文化年代属旧石器时代晚期；水洞沟遗址沉积时期，环境基本上为荒漠草原，只是随气候变化有向荒漠化与草原化发展的差别；水洞沟文化中存在欧洲旧石器文化传统。

在近年来东亚现代人类起源问题成为人类学和考古学研究热点

① 贾兰坡等：《水洞沟旧石器时代遗址的新材料》，《古脊椎动物与古人类》1964 年第 8 卷第 1 期，第 75 ~ 83 页。
② 宁夏博物馆、宁夏地质局区域地质调查队：《1980 年水洞沟遗址发掘报告》，《考古学报》1987 年第 4 期，第 439 ~ 449 页。

课题的情形下，水洞沟遗址中包含的西方文化与技术因素更加引人关注，学术界也对该遗址的材料和信息提出了新的更高的要求。水洞沟文化中占主导地位的一些石制品如长身石核（石叶石核）、盘状石核（勒瓦娄哇石核）、石叶、尖状器、新月形边刮器、端刮器等，完全可以与欧洲莫斯特文化和奥瑞纳文化的同类器物相比[1]。近20年来，对水洞沟遗址的研究主要集中在遗址第1地点和第2地点的年代[2]、地层与环境[3]方面，而对其他地点的研究甚少。

第二节　水洞沟遗址地理位置和各地点分布

　　水洞沟遗址位于宁夏回族自治区银川市以东28千米，西距黄河18千米，行政区划属灵武市临河乡，地理坐标为东经106°29′，北纬38°21′，海拔1200米[4]。遗址位于银川盆地东部边缘，鄂尔多斯地

---

① 宁夏博物馆、宁夏地质局区域地质调查队：《1980年水洞沟遗址发掘报告》，《考古学报》1987年第4期，第439～449页。
② 高星等：《水洞沟的新年代测定及相关问题讨论》，《人类学学报》2002年第21卷第3期，第211～218页；刘德成等：《水洞沟遗址地层划分与年代测定新进展》，《科学通报》2009年第54卷第19期，第2879～2885页。
③ 周昆叔、胡继兰：《水洞沟遗址的环境与地层》，《人类学学报》1988年第7卷第3期，第263～269页。
④ 宁夏文物考古研究所：《水洞沟——1980年发掘报告》，科学出版社，2003，第1～233页。

　　　　　　　　／鸵鸟蛋皮串珠：不止于装饰

块的西缘，西距黄河约 10 千米。这里地处毛乌素沙地西南端，植被稀疏，雨水较少，现属于半干旱荒漠草原环境。发源于磁窑堡南部山区的边沟河由南向北流经水洞沟地区，最后汇入黄河。水洞沟遗址各个地点就分布在边沟河的两侧，SDG1、SDG2、SDG7 三个地点的剖面出露最为完整。水洞沟遗址的文化遗物主要埋藏于二级阶地粉砂层中。

中国科学院古脊椎动物与古人类研究所和宁夏文物考古研究所于 2002 年 4～5 月及 2003 年 4 月对该地区进行了多次地质和考古调查，新发现近 20 处地点[1]，在地表和断层上采集到一批动物化石、石制品和木炭、灰烬等文化遗物，对水洞沟遗址的分布范围和考古价值取得了新的认识；并于 2003～2005 年和 2007 年对该遗址的第 2、7、8、9 及 12 共 5 个地点进行了系统的考古发掘，出土了大量石制品[2]。

水洞沟第 1 地点（SDG1）位于边沟河北侧，地理坐标为 38°17′56″N，106°30′07″E，目前剖面出露约 15 米，共分为 8 层。

水洞沟第 2 地点（SDG2）位于边沟河南侧，与 SDG1 隔河相望，

---

[1] 高星等：《宁夏旧石器考古调查报告》，《人类学学报》2004 年第 23 卷第 4 期，第 307～325 页。

[2] 高星等：《宁夏旧石器考古调查报告》，《人类学学报》2004 年第 23 卷第 4 期，第 307～325 页。

地理坐标为 38°17′52.89″N，106°30′9.33″E。

水洞沟第 3 地点（SDG3）位于水洞沟盆地西南部，与 SDG4、SDG5 自东南向西北一字排开，地理坐标为 38°17′44.3″N，106°29′46.7″E。

水洞沟第 4 地点（SDG4）位于 SDG3 西北部，二者被一条西南—东北流向的自然冲沟隔开，地理坐标为 38°17′45.5″N，106°29′44.9″E。

水洞沟第 5 地点（SDG5）位于 SDG4 西北部，这两个地点偏北部有一条宽 30 米左右的南北向低洼沙沟，形成二者间的自然分界，地理坐标为 38°17′50.3″N，106°29′38.7″E。[①]

水洞沟第 7 地点（SDG7）位于 SDG2 东约 300 米的边沟河南侧，地理坐标为 38°17′52″N，106°30′21″E。

水洞沟第 8 地点（SDG8）位于 SDG1 120°方向约 2 千米处，地理坐标为 38°17′29″N，106°31′03″E。

水洞沟第 9 地点（SDG9）位于边沟河上游，地理坐标为 38°15′39″N，106°32′33.8″E。

水洞沟第 10 地点（SDG10）位于 SDG1 328°方向约 500 米处，海拔 1185 米，地理坐标为 38°18′21″N，106°29′34″E。

水洞沟第 11 地点（SDG11）位于 SDG1 120°方向约 2 千米处，

---

① 第 6 地点在调查时被发现，但是后来遭到了破坏，因此未进行正式挖掘，此处没有该地点的信息。

　　　　　　　　/ 鸵鸟蛋皮串珠：不止于装饰

地理坐标为 38°18′09″N，106°29′47″E。

水洞沟第 12 地点（SDG12）位于边沟河下游"春旺砖厂"附近，在 SDG1 以北约 4 千米处，地理坐标为 38°19′40″N，106°29′49″E。

第三节　环境背景

第四纪时期，水洞沟地区由于地壳间歇性抬升和受黄河及其支流侵蚀切割的影响形成多级阶地。大致在上新世晚期，黑山—风咀子坡冲断层开始活动，灵武东山开始出现，并使东山西侧的阶地向黄河倾斜[1]。至第四纪晚期，相当于 MIS5 ~ MIS4 阶段，可能由于降雨量的增加，冲洪积平原广泛发育。大致在 MIS3 阶段之前，本地区地壳抬升导致河流下切，冲洪积平原成为 T2 阶地。当 MIS3 阶段到来时，气候湿润温和，降雨量增加，河道局部地区出现湖泊，同时因构造稳定而发育较厚的河流相沉积。水洞沟遗址的古人类即活动于 MIS3 阶段早期，在 MIS3 阶段晚期达到鼎盛时期，进入 MIS2 阶段后逐渐消失[2]。根据地层对比的结果，水洞沟第 8 地点正好处于末次

① 高星等：《水洞沟遗址沉积——地貌演化与古人类生存环境》，《科学通报》2008 年第 27 卷第 10 期，第 1200 ~ 1206 页。
② 刘德成等：《宁夏银川水洞沟遗址 2 号点晚更新世晚期孢粉记录的古环境》，《古地理学报》2011 年第 13 卷第 4 期，第 467 ~ 472 页。

冰期的晚期，大致在 MIS3 ~ MIS2 阶段。

周昆叔、孙建中、李秉成等人对水洞沟遗址剖面进行过较为深入的孢粉分析[1]，其分析结果显示，木本花粉占孢粉总数的 24.4%，草本花粉占 75.4%，孢子偶见。木本植物以松、云杉、白刺为主，还有栎、桦、槭、柳等。小灌木和草本植物以麻黄、藜、蒿为主，还有禾本科、豆科、虎耳草科、茜草科、唇形科、黑三棱属、香蒲属、莎草属和菊科等。孢粉记录显示草本植物占优势，白刺、麻黄、藜为干旱区植物，代表以草原为主的环境，栎属、香蒲属、黑三棱属等植物代表较湿的气候。总体来看，当时该地点所在区域生态环境大致为稀林草原。而在 MIS3 ~ MIS2 阶段，本区虽为干旱草原环境，但降水有所增加，栎、槭、柳等阔叶树也能在局部区域生长，总体环境条件较好。

此外水洞沟遗址的上、下文化层都曾出土丰富的动物化石[2]。上文化层脊椎动物化石有普氏野马（*Equus przewalskyi*）、鹿（*Cervus sp.* [3]）、普氏羚羊（*Gazella przewalskyi*）、野驴（*Equss przewalskyi*）、

---

[1] 周昆叔、胡继兰：《水洞沟遗址的环境与地层》，《人类学学报》1988 年第 7 卷第 3 期，第 263 ~ 269 页；孙建中等：《黄土高原第四纪》，科学出版社，1991，第 195 ~ 200 页；李秉成：《宁夏灵武水洞沟遗址全新世的古气候环境》，《吉林大学学报》（地球科学版）2006 年第 1 期，第 49 ~ 53 页。

[2] 宁夏文物考古研究所：《水洞沟——1980 年发掘报告》，科学出版社，2003，第 1 ~ 233 页。

[3] sp. 表示该动物未定种，余同。

　　　　　　　　　　　/ 鸵鸟蛋皮串珠：不止于装饰

鸵鸟（*Struthis* sp.）等。下文化层脊椎动物化石有披毛犀（*Coetodonta antiquitatis*）、普氏野马、野驴、鹿、牛（*Bubalus* sp.）、普氏羚羊以及鸵鸟等。水洞沟遗址上、下文化层出土的动物化石材料也可以反映其生存时代以及环境。下文化层动物化石的种属均见于萨拉乌苏动物群，应属于晚更新世。此外几乎全部动物均为生活于草原地带的种属，大部分能耐干旱和寒冷，其中水牛适合温暖气候，说明该地区 MIS3 阶段气候比较适宜，夏季可能相当温暖，气候比较干旱，但比冰期时要湿润很多，适宜这些草原动物的生存繁衍，而孢粉分析提供的植被证据也支持上述判断①。遗址上文化层的动物化石与下文化层基本相同，因此，其生态环境也应大致相同，气候比现在温暖湿润。

综上所述，晚更新世晚期时的构造运动形成了水洞沟小盆地，MIS3 ~ MIS2 阶段气候转暖，相对暖湿的气候使得湖泊一直保持较大的面积②，从而使这一地区动植物资源相对丰盛起来，适合古人类在此处生存。而水洞沟遗址周围高阶地和古河床中大量的硅质白云

---

① 刘德成等：《宁夏银川水洞沟遗址 2 号点晚更新世晚期孢粉记录的古环境》，《古地理学报》2011 年第 13 卷第 4 期，第 467 ~ 472 页。

② 高星等：《水洞沟遗址沉积——地貌演化与古人类生存环境》，《科学通报》2008 年第 27 卷第 10 期，第 1200 ~ 1206 页；刘德成等：《水洞沟遗址地层划分和年代测定新进展》，《科学通报》2009 年第 54 卷第 19 期，第 2879 ~ 2885 页。

岩、硅质灰岩、石英砂岩、石英岩、燧石等充足的石料资源为古人类剥片及制作工具提供了便利的条件，同时古人类能够在遗址周围采集到鸵鸟蛋皮碎片，从而制作出精美的鸵鸟蛋皮串珠，形成了该地区古人类为适应当地生态环境而采取的特定的适应生存方式。

第四章　研究材料及方法

第一节　研究材料

　　鸵鸟蛋皮串珠采集点位于边沟河下游水洞沟遗址第 12 地点以北约 2 千米处，地理坐标为 38°20′11.6″N，106°29′56″E，其东北部为内蒙古自治区的毛乌素沙地。除鸵鸟蛋皮串珠外，地表上还散布大量碎骨片、细石叶、细石叶石核、石片、锤击及砸击石核、碎屑、断块及少量磨制石器等（见彩图 7、彩图 8），石制品原料为燧石、白云岩及硅质灰岩等。鸵鸟蛋皮碎片分布较为密集，最多可在 1 平方米范围内采集到 15 件，其中鸵鸟蛋皮串珠 10 件。

　　调查共采集鸵鸟蛋皮碎片 109 件，其中穿孔的串珠 54 件。这些标本切片后，经显微观察鉴定为：

鸟纲 Aves

　平胸总目 Ratitae

　　鸵形目 Struthioniformes

　　　鸵科 Struthionidae

　　　　安氏鸵鸟 *Struthio andersoni*

标本保存状况较好，风化和磨蚀程度多属于轻度，颜色多为灰白色，个别还有浅黄色及灰黄色等。其中个别标本上可以看出明显的矿物质染料染色痕迹，多数集中分布于鸵鸟蛋皮的内表面，外表面分布较少。

第二节　串珠及鸵鸟蛋皮串珠研究现状

国外对于串珠的研究开始较早。考古工作者在距离海洋较远的一些考古遗址内，发现了许多软体动物贝壳，一般认为这些贝壳是被古人类食用后所丢弃的垃圾，这些贝壳也被看作早期交易的一个佐证。20 世纪 40 年代末，许多学者针对串珠的功能进行了激烈的讨论，一些学者根据民族学材料，认为这些串珠的一个主要功能是作为贸易的媒介物[1]，更多的学者除了将其看作装饰品之外，同样也认为不应排除其同时存在的许多附加功能，如交易的媒介物、代表社会地位的标志等[2]。通过对串珠的研究，可以推测分析许多相关

---

[1]　Sally McBrearty, Alison S. Brooks, "The Revolution That Wasn't: a New Interpretation of the Origin of Modern Human Behavior," *Journal of Human Evolution* 39 (2000): 453 – 563.

[2]　Joao Zilhao, "The Emergence of Ornaments and Art: An Archaeological Perspective on the Origins of 'Behavioral Modernity'," *Journal of Archaeological Research* 15 (2007): 1 – 54.

的研究方向，如古人类的交易形式、审美意识、经济形式、宗教、装饰品制作工艺以及社会习俗等。最初，因学者难以辨识这些软体动物贝壳的穿孔究竟是自然所为还是人工所致，因而其穿孔多被认为是食肉动物啃咬、海水磨蚀等原因造成的，并未得到重视，仅将其作为考古发掘报告的附录进行描述。对于如何辨认人工串珠，Peter Francis 提出了一些判断标准：首先，这些串珠被发现在一些特定的考古单位内，如墓葬、祭祀场所；其次，能够发现许多制作较为标准化的串珠（或残片）；最后，串珠器身上要有明显的人工钻孔痕迹。从这些标准中可以看出，前两项标准是与田野发掘有关的，最后一项标准是较为重要的。这些问题促使国外学者开始着手进行各种材料的串珠模拟实验。根据民族学材料记载，在现代的一些原始部落内，除了在史前时期常见的钻（drilling）之外，串珠生产技术还有许多种[1]。因此，考古学家目前面临的问题主要有以下几个：在民族学材料中常见的串珠制作技术中有哪些被古人类应用于串珠制作上？其中哪种技术是最有效的？这些技术在史前时期如何组合使用以提高生产效率？如何区分人工钻孔和自然作用导致的似人工钻孔？

  为解决以上问题，1981 年 Peter Francis 根据各个遗址出土串珠的实际情况进行了一系列模拟实验，他在遗址附近地表采集了一些

---

[1] Peter Francis, "The Historical Import of Beads," *Bead Journal* 3 (1980): 28 – 29.

与遗址相同质地的原料，如作为钻孔工具的玉髓、燧石等，作为磨光工具的石灰岩、玄武岩等岩块，作为锤、凿工具的玉髓与石英岩等岩块①。此外，他充分地考虑了民族学资料所记载的所有加工串珠的 6 种技术，即钻（drilling）、凿（gouging）、刻划（scratching）、锯（sawing）、磨光（grinding）及锤敲（hammering），设计了较为全面的实验方案，详细记录了实验过程。通过模拟实验分析，他得出以下结论②。（1）以上提到的所有方法都是可行的，但以所用时间和工具磨损程度为标准，这些技术的效率各不相同，其中磨光是最有效率的生产工序之一。（2）通过模拟实验可以认识这些技术所产生痕迹的不同人工特征。刻划产生的孔与钻产生的孔痕迹较为相似，但是在显微镜下可以看出明显的刻划后产生的凹槽，而钻所留下的是工具旋转所产生的擦痕；锤敲和凿一般会产生形状不规则的孔洞，很难被辨识为人工行为。（3）刻划常被作为钻的准备工序看待。（4）在实验过程中，他发现一种技术所产生的痕迹往往在不到 30 秒的时间里被另一种技术所产生的痕迹破坏或掩盖掉，显微分析多仅能辨识出最后一种技术。这些认识也为后来的鸵鸟蛋皮串珠模拟实

---

① Peter Francis, "Early Human Adornment in India: Part 1: The Upper Paleolithic," *Bulletin of the Deccan College Postgraduate and Research Institute* 40（1981）: 137 – 144.

② Peter Francis, "Experiments with Early Techniques for Making Whole Shells into Beads," *Current Anthropology* 6（1982）: 713 – 714.

　　　　　　　　　　　　　　/ 鸵 鸟 蛋 皮 串 珠 ： 不 止 于 装 饰

验打下了坚实的基础。

早在 20 世纪 20 年代，一些学者就根据颜色、外形、钻孔尺寸、磨圆等鸵鸟蛋皮装饰品不同生产阶段的特征，对鸵鸟蛋皮串珠的生产过程尝试进行复原，并取得了一些突破。Beck 根据形态、钻孔、颜色、修型、磨光等特征，将鸵鸟蛋皮串珠分为 9 个生产阶段（其中包括破碎的个体）[1]；Plug 在分析南非德兰士瓦省（Transvaal）东部的晚更新世 Bushman 岩厦遗址时，也根据鸵鸟蛋皮串珠的上述特征，将其分为制坯、磨圆、毛坯修型、钻孔、成品修型等 5 个生产阶段进行分析[2]。21 世纪以来，国外学者对鸵鸟蛋皮串珠的研究更加系统化，并全面考虑到串珠加工及生产过程中可能出现的偶然因素。Kandel 和 Conard 为了更好地对南非开普敦西部的 Geelbek Dunes 遗址出土的串珠进行描述、统计和分析，根据上述特征将这些串珠分为 12 个生产阶段[3]（见彩图 6，A）；J. Orton 在对南非开普敦北部处于晚期石器时代（LSA）的一系列遗址内出土的鸵鸟蛋皮串珠进

---

① H. C. Beck, "Classification and Nomenclature of Beads and Pendants," *Archaeologia* 77 (1928): 1 – 76.

② I. Plug, "Bone Tools and Shell, Bone and Ostrich Eggshell Beads from Bushman Rock Shelter (BRS), Eastern Transvaal," *South African Archaeological Bulletin* 37 (1982): 57 – 62.

③ A. W. Kandel, N. J. Conard, "Production Sequence of Ostrich Eggshell Beads and Settlement Dynamics in the Geelbek Dunes of the Western Cape, South Africa," *Journal of Archaeological Science* 32 (2008): 1711 – 1721.

行分析时，也按照上述特征，将其分为 7 个生产阶段①（见彩图 6，B）。此外，为了区分人工行为和动物行为分别作用于鸵鸟蛋皮所产生的特征，Andrew W. Kandel 还针对南非一些中期石器时代（MSA）遗址所出土鸵鸟蛋皮串珠及碎片的特征（鸵鸟蛋皮内表面有明显的贝壳状断口［conchoidal fractures］）进行了一系列模拟实验，并详细记录实验过程，将实验数据与鬣狗啃咬取食的鸵鸟蛋壳所产生的痕迹及相关民族学材料进行了对比②。分析结果显示，虽然这些数据之间存在一定程度的重合，但可以很明显地看出食肉动物啃咬而产生的孔与古人类制作串珠所钻的孔有着明显的区别。鬣狗在啃咬鸵鸟蛋皮时，一般不会对蛋皮的凹凸度、厚度进行有意选择，而古人类一般会选择凹凸度较小、厚度较为均一的位置进行钻孔；鬣狗啃咬蛋皮所产生的孔洞大小不一、形状不规则，古人类对鸵鸟蛋皮进行钻孔时，力求做到钻孔标准化，形状较为固定，变化不大；鬣狗啃咬作用下的鸵鸟蛋皮内表面在产生贝壳状断口的同时，其外表面一般会产生有斜面的、较粗糙的断口，而古人类产生的钻孔一般仅在内表面产生贝壳状

---

① Jayson Orton, "Later Stone Age Ostrich Eggshell Bead Manufacture in the Northern Cape, South Africa," *Journal of Archaeological Science* 35 (2008): 1765 - 1775.

② A. W. Kandel, "Modification of Ostrich Eggs by Carnivores and Its Bearing on the Interpretation of Archaeological and Paleontological Finds," *Journal of Archaeological Science* 31 (2004): 377 - 391.

断口。另外民族学材料记载，非洲斑鬣狗很难运输和打开鸵鸟蛋，它们通常会用前爪推起鸵鸟蛋向石块等硬物进行撞击或者使用石块等敲击鸵鸟蛋壳①。因而在对遗址出土的鸵鸟蛋皮串珠进行分析时，还要注意区分动物行为对鸵鸟蛋皮本身所造成的似人工行为的钻孔痕迹。

第三节 研究方法

根据外国学者对鸵鸟蛋皮串珠的分类和研究方法，结合我国鸵鸟蛋皮串珠的具体特征，主要根据 J. Orton 的分析方法，可以将先钻孔再修型的生产路线 1 分为 4 种生产动作和 8 个生产阶段②：毛坯的准备和生产阶段（blank preparation）；钻孔阶段（drilling）；修型阶段（trimming）；磨光阶段（grinding）。最后一个阶段代表了鸵鸟蛋皮串珠的最终完成。而生产路线 2 与 1 的区别在于，仅将钻孔阶段及修型阶段前后调换位置，即毛坯的准备和生产阶段、修型阶段、钻孔阶段、磨光阶段（见表 4－1）。在实际分析过程和其后的模拟实验过程中可以发现，二者之间仅在钻孔阶段和局部修型阶段有所区别（见彩图 9）。

---

① H. Kruuk, *Hyaena* (Oxford: Oxford University Press, 1975), p. 101.

② Jayson Orton, "Later Stone Age Ostrich Eggshell Bead Manufacture in the Northern Cape, South Africa," *Journal of Archaeological Science* 35 (2008): 1765－1775.

表 4 - 1　鸵鸟蛋皮串珠生产路线的各个生产阶段及与国外两种分类方法之间的对比

生产阶段	描述		Kandel and Conard（2005）	Jayson Orton（2008）
	生产路线 1	生产路线 2		
I	不规则的鸵鸟蛋皮碎片	不规则的鸵鸟蛋皮碎片	/	/
II	可能的/略加修整的鸵鸟蛋皮串珠毛坯	可能的/略加修整的鸵鸟蛋皮串珠毛坯	1	I
IIIa，IIIb	钻孔但未钻透的串珠	边缘经过部分修整的串珠	3，4	II
IVa，IVb	完全钻透的串珠	边缘经过完全修整的串珠	5，6	III
Va，Vb	边缘经过部分修整的串珠	钻孔但未钻透的串珠	7，8	IV
VIa，VIb	边缘经过完全修整的串珠	完全钻透的串珠	9，10	V
VIIa，VIIb	边缘部分磨光	边缘部分磨光	/	VI
VIIIa，VIIIb	边缘完全磨光	边缘完全磨光	11，12	VII

注："a"代表完整的串珠，"b"代表破碎的串珠。

资料来源：修改自 A. W. Kandel，N. J. Conard 及 J. Orton 的论文①。

为描述、分析鸵鸟蛋皮串珠，根据 Kandel 和 Conard 以及 J. Orton

---

① A. W. Kandel，N. J. Conard，"Production Sequence of Ostrich Eggshell Beads and Settlement Dynamics in the Geelbek Dunes of the Western Cape，South Africa，" *Journal of Archaeological Science* 32（2008）：1711 - 1721；Jayson Orton，"Later Stone Age Ostrich Eggshell Bead Manufacture in the Northern Cape，South Africa，" *Journal of Archaeological Science* 35（2008）：1765 - 1775.

　　　　　　　　　　　／鸵鸟蛋皮串珠：不止于装饰

的分类依据，本研究设计了 21 个观测属性：

- 串珠外形的完整程度（Y/N）

- 串珠钻孔内径（aperture）的完整程度（Y/N）

- 钻孔类型（无/单面钻/对钻）

- 钻孔方向（无/由内表面向外表面钻/由外表面向内表面钻/两面对钻）

- 串珠钻孔内径的大小（mm）

- 串珠钻孔外径（external diameter of bore）的大小（mm）

- 串珠个体直径的大小（mm）

- 串珠的重量（g）

- 串珠的厚度（mm）

- 串珠的面积（cm^2）

- 串珠断裂状态（1/4 处、1/2 处、2/3 处断裂）

- 所处的生产阶段（stages I ~ VIII）

- 颜色（浅灰色/灰白色/浅黄色/灰褐色/灰黑色）

- 光泽或锈蚀（patina）（Y/N）

- 烘烤（burned）（Y/N）

- 染色（dyed）（Y/N）

- 串珠表面（inner or outer surface）的磨光（grinding）（Y/N）

- 串珠径切面（radial section）的磨光（grinding）（Y/N）

- 可辨认的使用痕迹（indication of wear facets）（Y/N）
- 风化程度（weathering）（0 - 无；Ⅰ - 轻；Ⅱ - 中；Ⅲ - 重）
- 磨蚀程度（eroded）（0 - 无；Ⅰ - 轻；Ⅱ - 中；Ⅲ - 重）

根据以上技术特征，对其进行基本数据的测量、统计，建立数据库，对所发现的鸵鸟蛋皮串珠进行总体分析（mass analysis），通过显微观察和模拟实验等方法，复原鸵鸟蛋皮串珠的各个生产阶段，进而对鸵鸟蛋皮原料的可利用性（raw material availability）、活动性（mobility）、功能（function）等进行分析，并将其与南非一些遗址的研究材料进行比较，从而全面阐释这些串珠的性质及其所反映的人类信息。下面以生产路线 1 为例进行说明。

1. 毛坯的准备和生产阶段（blank preparation，stage Ⅰ and Ⅱ）

这个阶段属于串珠毛坯的准备阶段，主要包括旧石器时代晚期遗址内常见的鸵鸟蛋皮碎片，形状多样、大小不一。这些碎片通常是由于古人类有意或无意的一些活动而产生的，如古人类砸碎蛋皮以取食里面的蛋白、蛋黄或者有意将其弄成具有满意尺寸的小碎片。Jayson Orton 认为这一阶段是假想存在的，在缺少钻孔痕迹的前提条件下，不能肯定这些碎片一定会成为串珠的既定毛坯[①]。然而，事实上这些碎片毕竟可能是在人类有意或无意的作用下产生的，并且很有可能成为

---

① Jayson Orton，"Later Stone Age Ostrich Eggshell Bead Manufacture in the Northern Cape，South Africa," *Journal of Archaeological Science* 35 （2008）：1765 - 1775.

鸵鸟蛋皮串珠的毛坯，因而本项研究倾向于将其作为串珠生产工序的一个重要开始阶段是十分有意义的。同时根据南非一些鸵鸟蛋皮制造场所发现的材料来看，古人类在多种形状的碎片中，倾向于选择一些圆形或近似圆形、四方形或近似四方形的鸵鸟蛋皮碎片进行加工，这样有利于在修型或磨光的过程中节省时间，提高效率。

2. 钻孔阶段（drilling，stage Ⅲ and Ⅳ）

在 stage Ⅲ 中，古人类选择蛋皮的内表面或外表面进行钻孔，但是并未钻透，仅在蛋皮的外表面或内表面留下一个不同深度的小凹坑，但钻孔的痕迹是明显的。事实上，该阶段的产品还可以被看作串珠毛坯的生产阶段。从南非出土的串珠及 SDG12 地点附近的采集品可以看出，古人类通常选择内表面进行钻孔，这样可以降低在钻孔过程中毛坯破碎的概率，进而能相对容易地完成钻孔这种生产工作。鸵鸟蛋皮外表面因为过于光滑，在钻孔时不易于固定着力点，故通常不被作为钻孔的起始面，因此外表面钻孔在旧石器遗址内较为罕见。然而，有时也存在两面对钻的标本。

在 stage Ⅳ 中，钻孔这一动作过程彻底完成，该阶段的产品可以被看作串珠了。在这一阶段中，通常能够观察到钻孔处不同的内径（钻孔结束处，aperture）和外径（钻孔入口处，external diameter of bore）；而在串珠的使用过程中，则很难分辨出钻孔的内、外径，这是由于在串珠使用过程中，穿在串珠上的植物纤维、动物毛皮等材料对穿孔有一个摩擦作用，而使钻孔处变得很光滑，与磨光很相似，逐渐使钻孔内径变大，最后变得与外径几乎一致，难以区分。这一生产阶段也是串珠发生断裂的高发阶段，断裂一般源自钻孔处，而后向四周蔓延。

3. 修型阶段（trimming，stage Ⅴ and Ⅵ）

串珠毛坯经过钻孔之后，下一步就要对串珠不规则的边缘进行修整，这会在串珠边缘出现众多连续的小片疤。在 stage Ⅴ 中，串珠部分边缘经过修整，进而在 stage Ⅵ 中，串珠边缘会被修整成近似圆形，与 stage Ⅶ及Ⅷ的形状较为接近，直径较之要大一些。当然，一些残断的串珠边缘可能被完全修整，但是残断的另一段在修型时可能仅为部分修整，将这些标本归入 stage Ⅵ 内，可以反映出在修型过程后期可能产生折断事故，这对串珠生产阶段的研究也是十分有意义的。

4. 磨光阶段（grinding，stage Ⅶ and Ⅷ）

修型阶段一旦完成，串珠边缘部分就会变得相对较圆。在 stage Ⅶ过程中，串珠边缘一些凸起的部分会被磨得很光滑，外形较之上一阶段更圆、更加规则。在串珠边缘部分可以看到非常明显的磨光痕迹，正是基于这一点，stage Ⅶ 的串珠很容易与修型阶段（stage Ⅴ and Ⅵ）、stage Ⅷ相区别。stage Ⅷ的标本是串珠生产路线 1（pathway 1）的终极产品，大小较一致，体现出产品的标准化。串珠表面及边缘都经过磨光而光滑有光泽。

第四节 总体分析

一 水洞沟第 12 地点采集的鸵鸟蛋皮串珠

根据上文提出的观测属性及分类方法，经过数据统计分析可以看出这些采集品中未发现生产路线 2 中所独有的边缘经过部分或完全修整而未钻孔的产品。此外，虽然其中存在边缘经过部分或完全修整且钻孔的产品，由于未发现生产路线 2 中修型阶段的产品，故不能确定边缘修整和钻孔这两步工序的先后顺序，故暂将其归为生产路线 1。因此，这些采集品均属于生产路线 1 的产品（见彩图 10、表 4 - 2），从而也可以看出生产路线 1 的优点：钻孔阶段是串珠整个生产序列中较容易出现事故的阶段，而在生产路线 1 中，古人类可以选择体形较大的毛坯进行钻孔，减少事故发生率。因而，古人类倾向于选择生产路线 1 的做法更具逻辑性。下面将针对生产路线 1 中鸵鸟蛋皮串珠各个技术属性的变化进行分析。

表 4 - 2　鸵鸟蛋皮串珠各个生产阶段统计

数量	生产路线 1										
	I	Ⅲa	Ⅲb	Ⅳa	Ⅳb	Ⅴa	Ⅴb	Ⅶa	Ⅶb	Ⅷa	Ⅷb
N	55	5	2	10	12	6	7	4	1	4	3
（％）	50	4.62	1.85	9.25	11.11	5.55	6.48	3.7	0.92	3.7	2.82

1. 串珠的钻孔方向（drilling direction）

对钻孔方向的分析对于判断古人类的钻孔倾向具有重要的意义[①]。从图 4-1 可以看出，生产路线 1 各个生产阶段的串珠钻孔方向主要以由内表面向外表面为主，其次为对向钻孔，由外表面向内表面及不确定者较少。由此可以看出，古人类倾向于内表面钻孔，而外表面钻孔主要分布于破碎串珠的生产阶段（stage Ⅳb、Ⅴb），对向钻孔占有一定的比例。

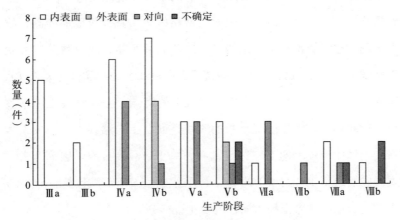

图 4-1　各个生产阶段鸵鸟蛋皮串珠钻孔方向的统计

古人类选择钻孔的方向与蛋壳的显微结构有着密切关系。通过对鸵鸟蛋壳进行显微分析可以看出，在径切面中，柱状层又可以分

---

① 王春雪等：《水洞沟遗址采集的鸵鸟蛋皮装饰品研究》，《科学通报》2009 年第 54 卷第 19 期，第 2886～2894 页。

为内外两层，内层与锥体层为过渡接触，柱状体基本上与蛋壳的平面垂直，再往外层则逐步过渡为放射状的交叉排列。在弦切面中，每个柱状体的弦切面呈现不规则的锯齿状，与其相邻的柱状体相互嵌结（见彩图 11）。这种结构使蛋壳柱状层——蛋壳外表面特别致密，具有很高的坚固性。此外，蛋壳外表面较为光滑，难以找到钻孔所需的着力点，容易发生破碎。由此可以解释古人类为何倾向于内表面钻孔而外表面钻孔多会造成串珠破碎。

为了进一步分析古人类选择对向钻孔的原因，本研究进行了一系列串珠生产模拟实验（见彩图 13）。实验选用东北地区现生非洲鸵鸟的蛋壳作为原料，工具选用以燧石及硅质白云岩为原料剥制的石片，磨制工具采用花岗岩质河卵石。实验结果分析显示，对鸵鸟蛋皮由内表面进行钻孔，当石片由蛋皮内表面钻到底而外表面刚刚被钻透显现出一个小孔时，将蛋皮反转过来，以由内表面钻透的小孔为着力点，由外表面进行钻孔，依靠钻头的两侧缘能够容易省力地将孔隙扩大到预期效果（见彩图 13）。因此推测这可能是古人类对串珠进行对向钻孔的原因。

2. 串珠的直径（diameter）与面积（area）

为了更加形象地体现古人类对串珠毛坯的选择、加工程度，在此利用 AutoCAD 2004 软件计算统计处于各个生产阶段串珠的直径、面积大小，对于破碎的串珠都利用同心圆的原理对其直径和面积进行大致估算，以减少误差。从表 4 – 3 可以看出，stage Ⅰ 的串珠毛坯大小不一，面积变化较大；钻孔阶段（stage Ⅲ、Ⅳ）的毛坯大小趋于稳定，变异较小（CoV = 29.54）；修型和磨光阶段（stage Ⅴ、Ⅶ、Ⅷ）的毛坯变化不大；此外，还可以看出在修型阶段（stage Ⅴ）—部分边缘磨光阶段（stage Ⅶ）—边缘完全磨光的成品阶段（stage Ⅷ）中，其串珠面积逐渐变小，总体趋于稳定，直径为 4～6 毫米（见图 4 – 2），而面积为 0.06～0.45 平方厘米（见表 4 – 3），串珠尺寸趋于稳定（SD = 0.11，CoV = 48.36）。这体现了明显的产品标准化趋势，也表明生产初级阶段（stage Ⅲ、Ⅳ）的串珠尺寸并不能完全反映出终极产品的尺寸。诚然，这些串珠是采集品，可能是由不同的人群或工匠制作的，在修型、钻孔、磨光等阶段的产品会产生一定程度的变异，但总体上看，随着生产阶段的进行，串珠尺寸越来越小，趋于统一，体现了史前工匠高超的技术水平。

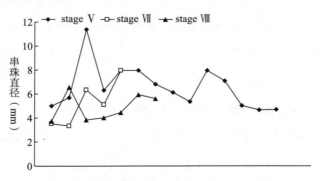

图 4 – 2　鸵鸟蛋皮串珠 stage Ⅴ、Ⅶ、Ⅷ的直径统计

表 4 – 3　鸵鸟蛋皮串珠各个生产阶段的面积统计

单位：件，cm^2

生产阶段	数量	平均面积	标准差值	变异系数	最小值	最大值
I	54	0.52	0.41	79.54	0.10	2.06
III，IV	29	0.30	0.09	29.54	0.16	0.51
V，VII，VIII	25	0.23	0.11	48.36	0.06	0.45

　　注：在统计分析鸵鸟蛋皮串珠各个生产阶段的面积、串珠钻孔外部及内部直径时，凡是各个阶段的破碎（如IIIb、IVb、Vb等）的串珠残片，均按其半径及所剩余面积所占的比例计算出其完整状态时的数值进行统计，下同。

3. 串珠的孔径（aperture and external diameter）

　　从表 4 – 4 可以看出，钻孔阶段（stage IV）串珠的钻孔内、外部直径相应地均小于修型、磨光阶段（stage V、VII、VIII）的串珠，有学者认为这是由于后者经过一段时间的使用，钻孔处受到磨损，因而孔径变大。通过显微观察，可以清晰地看到未成形、成形串珠之间孔径的变化情况。一般情况下，stage III、VI 串珠的钻孔处常带有粗糙的边缘，经过一段时间的使用之后到了磨光阶段（stage VIII），此处就会变得很光滑。

表 4 – 4　各个生产阶段的鸵鸟蛋皮串珠钻孔外部和内部直径的统计

单位：件，mm

阶段	数量	钻孔内部直径					钻孔外部直径				
		平均值	标准差	变异系数	最小值	最大值	平均值	标准差	变异系数	最小值	最大值
IVa	10	1.23	0.34	27.87	0.75	1.92	2.31	0.55	17.59	1.77	3.17

阶段	数量	钻孔内部直径					钻孔外部直径				
		平均值	标准差	变异系数	最小值	最大值	平均值	标准差	变异系数	最小值	最大值
Ⅳb	12	1.47	0.32	22.11	0.9	2.11	2.15	0.48	22.49	1.52	3.07
Ⅴa，Ⅶa，Ⅷa	14	1.57	0.46	29.44	0.62	2.32	2.45	0.76	31.15	1.56	3.74
Ⅴb，Ⅶb，Ⅷb	10	1.74	0.32	18.59	1.05	2.14	2.32	0.35	15.47	1.82	2.89

　　为了更加形象地体现古人类对串珠毛坯进行钻孔的利用程度，本书在此创设了"串珠钻孔孔径指数"（aperture index of drilled OES beads）的概念[①]。该指数为串珠钻孔直径与毛坯直径的比值，该指数的大小，可以反映古人类对于钻孔孔径的倾向性。将鸵鸟蛋皮串珠成形阶段的钻孔阶段、修型阶段、边缘磨光阶段的钻孔孔径指数（见图4-3）进行对比，可以看出，钻孔阶段串珠的孔径指数为0.2~0.5，均值为0.37，呈正态分布；而修型阶段的孔径指数主要为0.2~0.7，均值为0.42，较之上一阶段，指数有所变大，在0.3~0.4变异区间内达到峰值，与 stage Ⅳ 相同；而处于最终阶段——磨光阶段的串珠，其孔径指数逐渐变大，最大值超过0.7，均

① 王春雪等：《水洞沟遗址采集的鸵鸟蛋皮装饰品研究》，《科学通报》2009年第54卷第19期，第2886~2894页。

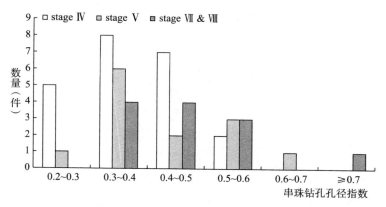

图 4 - 3　鸵鸟蛋皮串珠钻孔孔径指数

值达到 0.47。这表明古人类在生产路线 1 的钻孔、修型阶段的钻孔大小趋于一致，分布较为稳定，但在磨光阶段孔径存在逐渐变大的趋势，但整体上仍趋于稳定。这反映了史前工匠能够很好地把握串珠钻孔的大小，力求做到串珠生产标准化，使生产出来的最终产品大小均一，串制佩戴起来更具美感。从图 4 - 4 可以看出，钻孔阶段（stage Ⅳ）、修型阶段（stage Ⅴ）、边缘磨光阶段（stage Ⅶ、Ⅷ）的串珠钻孔直径主要为 1.4 ~ 2.3 毫米，串珠直径为 4 ~ 7 毫米，尤其是最终阶段的 stage Ⅶ、Ⅷ主要集中于此。这也体现了最终串珠产品的标准化，反映了古人类高超的串珠制作工艺。

4. 鸵鸟蛋皮串珠的年代推测

这些鸵鸟蛋皮碎片及串珠主要采自 SDG12 地点附近靠近毛乌素沙地的地区。这些采集品可能是该地区顶部堆积遭到风化侵蚀后暴露于

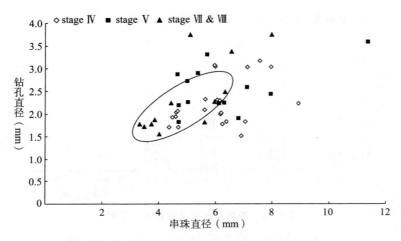

图 4 - 4　鸵鸟蛋皮串珠直径和钻孔直径的关系

地表的，而 SDG12 地点顶层堆积的年代经光释光测定为（12.1 ±
1.0）ka BP，即 1.1 万年左右，故这些采集品的年代应晚于 SDG12 地
点顶部堆积的年代。此外，在采集鸵鸟蛋皮串珠的同时，还采集到一
些磨制石器和陶片。又由于这些采集品位于边沟河河漫滩上，也不排
除流水改造的可能性。因而，这些采集品应该距今 1 万年左右，推测
其地质年代大致在全新世初期。采集地附近的 SDG12 地点地层由于发
掘面积不大，尚未发现鸵鸟蛋皮装饰品，还需要寻找其原生层位，从
而建立这些遗物的年代框架，探讨遗址形成的各种营力和过程。

二　水洞沟第 8 地点出土的鸵鸟蛋皮串珠

SDG8 地点发现的 8 件标本均属于鸵鸟蛋皮串珠的最后一个生产

　　　　　　　　　　　　／鸵 鸟 蛋 皮 串 珠 ： 不 止 于 装 饰

阶段——磨光阶段（stage Ⅷ a & b）（见彩图 14）。由于标本量有限，仅存单一生产阶段的产品，故无法判断这些标本究竟属于哪个生产路线。然而，我们仍可根据该阶段鸵鸟蛋皮串珠各个技术属性的统计分布，看出古人类在串珠的钻孔方向、大小等因素上的倾向性。

1. 串珠的钻孔方向

根据显微观察，可以看出该阶段串珠钻孔方向主要以由内表面向外表面为主，此钻孔方向串珠共 6 件，其次为对向钻孔，有串珠 2 件。另外结合水洞沟地区地表采集的鸵鸟蛋皮串珠的特征来看，该地区古人类倾向于内表面钻孔，对向钻孔也占有一定的比例。

2. 串珠的大小（size）

通过对各个生产阶段串珠大小变异范围的分析，可以看出古人类在串珠钻孔、修型、磨光等不同阶段对串珠个体大小的把握和倾向性，从而根据对串珠孔径、直径、厚度、重量、面积等的统计结果，判断串珠是否随着生产阶段的延续而趋于稳定，这在一定程度上也能反映出史前工匠的技术水平。

（1）串珠的直径与面积

利用 AutoCAD 2004 软件计算统计处于各个生产阶段串珠的直径、面积（见表 4 – 5），可以看出，Ⅷ阶段的标本个体变异较小。串珠尺寸更加稳定（SD = 8. 19，CoV = 0. 1753），且串珠直径为 7 ~

9 毫米（见图 4 - 5），变异非常小，这反映了明显的产品标准化生产，体现了史前工匠高超的技术水平。

表 4 - 5　水洞沟第 8 地点鸵鸟蛋皮串珠Ⅷ生产阶段的面积统计

单位：件，mm²

生产阶段	数量	平均面积	标准差	变异系数	最小值	最大值
Ⅷ	8	46.71	8.19	0.1753	35.24	58.06
Ⅷa	7	45.66	8.24	0.1805	35.24	58.06

注：Ⅷa 为将采集品抽出后的统计结果。

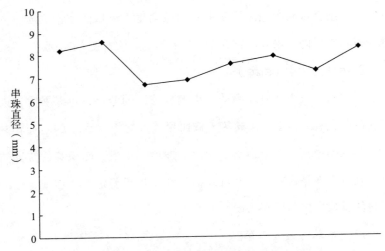

图 4 - 5　水洞沟第 8 地点串珠直径的分布

（2）串珠的厚度（thickness）和重量（weight）

通常情况下，处于生产阶段的串珠厚度变异较大，一方面原因

　　　　　　　　　　/ 鸵鸟蛋皮串珠：不止于装饰

是鸵鸟蛋壳本身薄厚不均，另一方面是由于鸵鸟蛋之间也会存在厚度上的差异。如果该阶段串珠厚度变异较小，可能是制作者有意制成厚度统一的个体，有了产品标准化的意识，而制成的串珠成品厚度则变异较小；如果其变异较大，根据民族学材料①，一方面可能是长时间佩戴磨损所致，另一方面是佩戴者在佩戴这些串珠的时候，有小部分串珠脱落，佩戴者则重新制作新的个体，并与原来的串珠串在一起使用，导致同一串鸵鸟蛋皮串珠上的个体新旧程度不同，厚度不均。

从表4-6可以看出，Ⅷ阶段的串珠厚度变化很小（SD = 0.18，CoV = 10.47）。有学者测得安氏鸵鸟蛋壳的平均厚度为2.2毫米②，遗址内串珠厚度平均值为1.76毫米，远低于其正常均值（见图4-6），并且这些标本表面均看不到钻孔时毛坯两面差异较大的现象。这可能是标本中既存在新加工的串珠，又存在使用过了一段时间的旧串珠，新旧个体经过不同时间段使用的结果。此外，Ⅷ阶段串珠钻孔内、外部直径与厚度的对应关系也可以反映出串珠可能经过了一段时间的使用。从图4-7可以看出，该阶段串珠钻孔直径越

---

① S. L. Kuhn, M. C. Stiner, " Paleolithic Ornaments: Implications for Cognition, Demography and Identity," *Diogenes* 2 (2007): 40-48.

② 赵资奎等:《中国猿人化石产地鸵鸟蛋壳化石的显微结构和氨基酸组成》，《古脊椎动物与古人类》1981年第19期，第327~336页。

大，其厚度越有减小的趋势。这也体现了经过一段时间使用后，串珠及其钻孔部分受到磨损，导致其厚度变小，钻孔内、外径变大，最终内、外径尺寸趋于一致。

表4-6　Ⅷ阶段鸵鸟蛋皮串珠的厚度统计

单位：件，mm

生产阶段	数量	平均厚度	标准差	变异系数	最小值	最大值
Ⅷ	8	1.76	0.1846	10.47	1.4	1.9
Ⅷa	7	1.74	0.1902	10.911	1.4	1.9

注：Ⅷa为将采集品抽出后的统计结果。

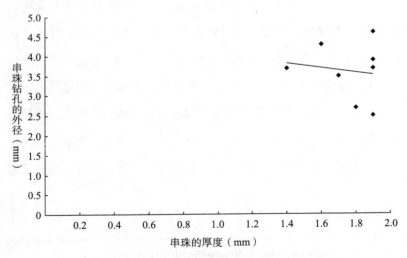

图4-6　鸵鸟蛋皮串珠钻孔外径和厚度的关系

　　　　　　　　　　　/ 鸵鸟蛋皮串珠：不止于装饰

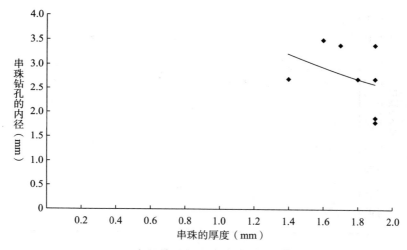

图 4 − 7　鸵鸟蛋皮串珠钻孔内径和厚度的关系

鸵鸟蛋皮串珠重量的大小对于复原串珠的生产具有重要的作用。从图 4 − 8 可以看出，Ⅷ阶段串珠的重量趋于稳定，集中于 0. 07 ~ 0. 09 克，均值为 0. 076 克，变异比较大的是位于图 4 − 8 下部的一个 0. 04 克的值点，这是因为该件标本为残断品，仅余 1/2。由此可以看出，串珠的重量也可反映出其成品阶段强烈的标准化特点。

（3）串珠的孔径

从表 4 − 7 可以看出，Ⅷ阶段的串珠钻孔处的内、外径大小趋于一致，分布较为稳定，体现了串珠生产明显的标准化特点。此外南非学者 Jayson Orton 对南非开普敦北部 JKB-N、JKB-L、JKB-M、SK2005/057A 以及 KN2005/067 等旧石器时代晚期地点鸵鸟蛋皮串珠

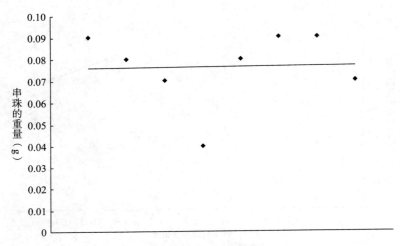

图 4-8 Ⅷ阶段串珠重量的统计

的研究①，在一定程度上可以解释串珠在成品阶段内、外径的大小存在一定变异的原因：串珠经过一段时间的使用，钻孔处受到磨损，从而内、外孔径变大，而每个串珠开始使用的时间或者受到磨损的程度各不相同，所以串珠内、外径大小存在小范围的变异。

Ⅷ阶段串珠的孔径指数主要为 0.3~0.5，均值为 0.40，最大值达到 0.47（见图 4-9）。这表明该阶段的钻孔大小趋于一致，分布较为稳定。这也反映了史前工匠能够很好地把握串珠钻孔的大小，力

---

① Jayson Orton, "Later Stone Age Ostrich Eggshell Bead Manufacture in the Northern Cape, South Africa," *Journal of Archaeological Science* 35 (2008): 1765 - 1775.

　　　　　　　　　　　　/ 鸵鸟蛋皮串珠：不止于装饰

表 4 - 7　VIII阶段的鸵鸟蛋皮串珠钻孔外部和
内部内径的统计

单位：件，mm

项目 阶段	数量	钻孔内部直径					钻孔外部直径				
		平均值	标准差	变异系数	最小值	最大值	平均值	标准差	变异系数	最小值	最大值
VIII	8	2.76	0.6588	0.2385	1.8	3.5	3.61	0.72	0.1993	2.5	4.6
VIIIa	7	2.9	0.5744	0.1980	1.9	3.5	3.6	0.7767	0.2157	2.5	4.6

注：VIIIa 为将采集品抽出后的统计结果。

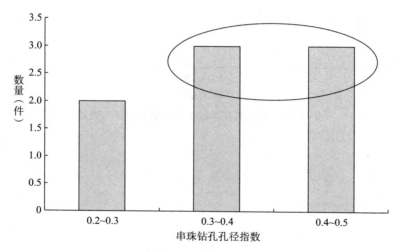

图 4 - 9　鸵鸟蛋皮串珠的钻孔孔径指数分布

求做到串珠生产标准化，使得生产出来的最终产品大小均一，串制佩戴起来更具美感。从图 4 - 10 可以看出，该阶段的串珠钻孔内径主要为 1.9 ~ 3.4 毫米，均值为 2.7 毫米；而串珠直径为 7.9 ~ 8.6 毫米，均值为 7.7 毫米。这也体现了串珠最终产品的标准化，反映了古人类高超的串珠制作工艺。

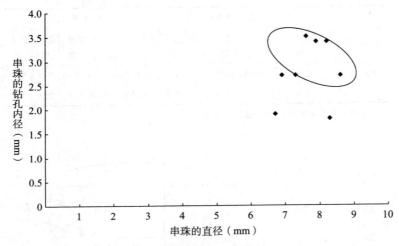

图 4 – 10　鸵鸟蛋皮串珠直径和钻孔内径的关系

第五章　鸵鸟蛋皮串珠的制作模拟实验

　　实验考古学由来已久，在"新考古学"兴起之后才成为考古学的一个重要分支。在实验考古学发展初期，模拟实验主要应用在三个方面：（1）剥片与制作实验；（2）使用实验；（3）埋藏与器物生命史实验①。实验主要通过预制石核、剥离石片和加工石器或骨器等过程的模拟复原，来推论史前人类的技术水平、工艺特点、特定工具的制作原理与方式，以及对原料开发与利用的能力和程度等。从20世纪八九十年代开始，国外学者立足民族学材料，着手对旧石器时代遗址内出土的装饰品进行模拟复原，在最大限度上模拟原始的环境与条件，模拟原始工匠的选料、加工、使用、废弃等阶段，以求能够正确解读考古遗址所提供的远古人类文化与行为信息。我国进行装饰品模拟实验的研究较少，尚处于起步阶段，只有20世纪90年代中期，顾玉才先生根据辽宁海城仙人洞遗址出土的4枚穿孔兽牙及1枚穿孔贝壳共5件装饰品，运用实验考古学的方法，在模拟制作穿孔装饰品的基础之上，重新观察和

---

　　①　高星：《旧石器时代考古学》，《化石》2002年第4期，第2～4页。

研究了这批材料①。他先模拟制作了一批钻孔的石制品，包括钻器、尖状器及带尖石片等，后选用哺乳动物齿根和贝壳，进行不同方法的钻孔实验，然后在显微镜下观察，记录各种方法所钻出来的孔的特征，在此基础上重新研究了仙人洞遗址出土装饰品的钻孔技术。通过实验和对比研究发现，该遗址装饰品采用对钻和先挖后钻等方法进行钻孔，主要采用磨、挖、钻等制作技术，由此可以看出古人类高超的制作工艺。

第一节　装饰品模拟实验的必要性与实验设计

鸵鸟蛋皮串珠的模拟实验理论依据是使用与遗址质地相同的原材料加工钻孔工具，将钻、凿、刻划、锯、磨光及锤敲等多种钻孔技术应用于鸵鸟蛋皮之上，观察其使用部位因力学作用而发生的不可逆转的物理变化，在鸵鸟蛋皮表面留下的各种不同程度的破损、磨耗等痕迹。不同的钻孔技术所产生的钻孔的大小、形状及显微痕迹等都不尽相同。考古学家们可以通过实验手段了解各种不同类型钻孔技术所产生的显微痕迹形成的因果关系，以其为依据，与考古学材料进行对比研究，进而判明古人类生产加工鸵鸟蛋皮串珠的工序及技术。

---

① 顾玉才：《海城仙人洞遗址装饰品的穿孔技术及有关问题》，《人类学学报》1996 年第 15 卷第 4 期，第 294～301 页。

在本项研究中，由于水洞沟遗址第 8 地点出土的鸵鸟蛋皮串珠数量较少，且均集中于同一个生产阶段，因此无法判断确切的生产路线。基于此，根据该地点出土的鸵鸟蛋皮串珠的具体特征，并结合 2008 年水洞沟地区相关鸵鸟蛋皮串珠采集品的特征，研究中所涉及的鸵鸟蛋皮串珠制作模拟实验主要采用钻、磨光及锤敲等制作技术，研究目的主要为以下几个方面。

（1）为什么古人类倾向于由内表面进行钻孔，并进行一定数量的对向钻孔；

（2）古人类利用矿物质染料对鸵鸟蛋皮串珠染色后，为什么考古标本上的染色主要集中于串珠的内表面，外表面较少，这与串珠埋藏过程存在怎样的关系；

（3）通过模拟实验以及与南非晚期石器时代诸遗址的材料进行对比，是否可以在一定程度上推测鸵鸟蛋皮串珠的两种生产路线哪一种效率比较高，以及具体原因为何。

第二节　鸵鸟蛋皮串珠制作模拟实验准备

一　实验仪器

利用 JSM－6100 型扫描电镜观察鸵鸟蛋皮（包括安氏鸵鸟和现生非洲鸵鸟）径切面，了解其显微结构，以利于实验结果的分析和解释；先利用手持放大镜（放大倍数为 10X）初步观察处于不同生产阶段串珠钻孔的方向以及表面磨光情况，而后利用 Nikon-SMZ1500 体视显微镜（放大倍数为 7.5X ~ 180X）进一步观察、验证及记录串珠钻孔的方向以及染色后矿物质染料在鸵鸟蛋壳内、外表面浸染的情况。

二 实验材料

目前，在我国一些旧石器时代遗址内（如水洞沟、周口店）发现的鸵鸟蛋皮串珠经切片显微观察后鉴定，均为安氏鸵鸟（*Struthio andersoni*）[①]。鉴于其现已灭绝，不能作为串珠实验材料，针对此，模拟实验倾向于选择物理特性和显微结构与安氏鸵鸟蛋壳较为相似的现生非洲鸵鸟蛋壳作为实验材料。现生非洲鸵鸟（*Struthio camelus*）从分类体系上来看，与安氏鸵鸟一样，也属于鸟纲鸵科。

本项研究选取在水洞沟第 2 及第 7 地点附近地表所采集的一些安氏鸵鸟蛋蛋皮化石以及来自黑龙江省牡丹江市一个鸵鸟养殖场的现生非洲鸵鸟蛋蛋皮作为显微观察实验材料，以正确认识二者之间的蛋壳结构及物理特性的差别。首先用普通磨片的方法将上述标本切制成垂直于蛋壳表面（径切面）和使不同层次（弦切面）大致平

---

① 赵资奎等：《中国猿人化石产地鸵鸟蛋壳化石的显微结构和氨基酸组成》，《古脊椎动物与古人类》1981 年第 19 期，第 327 ~ 336 页。

行于蛋壳表面的显微标本，在 JSM – 6100 型扫描电镜下进行观察。

经过对这两种鸵鸟蛋壳的切片观察，可以发现：水洞沟遗址采集的安氏鸵鸟蛋壳（乳黄色和灰黄色）厚约 1.9 毫米，锥体层厚约 0.6 毫米，约占蛋壳厚度的 1/3。柱状层特别致密。在径切面中，柱状层可以再分为内、外两层，内层与锥体层为过渡接触，柱状体基本上与蛋壳的平面垂直，外层则逐步过渡为放射状的交叉排列。在弦切面中，每个柱状体的弦切面呈现不规则的锯齿状，与相邻的柱状体相互嵌结。这种结构使得蛋壳柱状层具有很高的坚固性[①]（见彩图 11）。另外，安氏鸵鸟蛋壳的气孔道一般较直，偶尔分枝，气孔道壁不平滑，气孔道中常填充有次生的细粒方解石碎屑。在弦切面上可以看到气孔的分布疏密很不均匀。与其相比，现生非洲鸵鸟蛋壳的气孔道成群分布，每隔一定的距离，气孔道由乳突间隙经层状棱柱层分成许多小枝，一直通到外表面[②]。总的来说，现生非洲鸵鸟蛋壳的物理特性与安氏鸵鸟蛋壳较为相似，因而可以作为鸵鸟蛋皮串珠制作模拟实验的实验材料。

---

① 安芷生：《华北鸵鸟蛋化石的新发现及其显微结构的初步研究》，《古脊椎动物学报》1964 年第 8 卷第 4 期，第 374 ~ 387 页；余德伟：《卵壳的超微结构特征》，《动物学报》1995 年第 41 卷第 3 期，第 243 ~ 255 页。

② 安芷生：《华北鸵鸟蛋化石的新发现及其显微结构的初步研究》，《古脊椎动物学报》1964 年第 8 卷第 4 期，第 374 ~ 387 页；赵资奎等：《中国猿人化石产地鸵鸟蛋壳化石的显微结构和氨基酸组成》，《古脊椎动物与古人类》1981 年第 19 期，第 327 ~ 336 页。

鸵鸟蛋皮串珠钻孔工具选用以水洞沟第 8 地点周围采集的硅质白云岩、燧石、石英岩等为原料（这些原料均为该地点石制品的主要原料）制成的石片，由于是初次尝试进行相关模拟实验，故主要选用剥片后自然带有锐尖（尖刃角小于 45°）的石片直接使用，少量使用修理出的尖状器或石钻（尖刃角小于 45°）。磨光工具使用采自水洞沟边沟河河床的花岗岩质河卵石（见彩图 12）。

鸵鸟蛋皮串珠染色所需染料为采自河南灵井的赭石，使用时取其部分研磨成粉，并与水混合制成染色剂，对串珠成品进行染色。

三　相关术语说明

实验术语说明是模拟实验研究中的一个重要问题，描述和记录需要按照统一的标准进行。本项研究中实验相关术语参考了南非学者 J. Orton、A. W. Kandel 和 N. J. Conard 的相关实验规则以及中国学者赵资奎和佘德伟所建立的蛋壳术语并加以调整① （见彩图

① 赵资奎等：《中国猿人化石产地鸵鸟蛋壳化石的显微结构和氨基酸组成》，《古脊椎动物与古人类》1981 年第 19 期，第 327～336 页；佘德伟：《卵壳的超微结构特征》，《动物学报》1995 年第 41 卷第 3 期，第 243～255 页；A. W. Kandel, N. J. Conard, "Production Sequence of Ostrich Eggshell Beads and Settlement Dynamics in the Geelbek Dunes of the Western Cape, South Africa," *Journal of Archaeological Science* 32 （2008）：1711－1721；J. Orton, "Later Stone Age Ostrich Eggshell Bead Manufacture in the Northern Cape, South Africa," *Journal of Archaeological Science* 35 （2008）：1765－1775.

11，图 5 - 1），列举如下。

- 弦切面（tangential section）：蛋壳纵剖面的纵向切面，有利于了解蛋壳由外表面至内表面的各种组织结构；

- 径切面（radial section）：垂直于蛋壳表面的平面；

- 内表面（inner surface）：可以观察到颗粒状的锥体；

- 外表面（outer surface）：较为光滑，分布有小气孔；

- 乳突（mammilla）：位于锥体的基部，主要由方解石晶体构成；

- 锥体（cone）：由乳突和放射状的楔体组成；

- 锥体层（cone layer）：锥体所在的一层；

- 柱状层（column layer）：锥体层之外的一层，二者间无明显分界线；

- 气孔道（pore canal）：鸵鸟蛋壳内通气的孔道；

- 表面晶体层（surface crystal layer）：位于柱状层之外，由垂直排列的晶体组成；

- 串珠的直径（diameter）：将串珠看作近似圆形，其最大弦长即直径；

- 串珠钻孔的内径（aperture diameter）：钻孔成功时所在平面的圆形直径；

● 串珠钻孔的外径（external diameter）：钻孔入口处所在平面的直径；

● 串珠的厚度（thickness）：蛋壳毛坯内、外表面间的垂直距离。

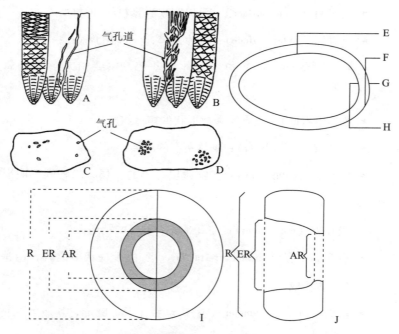

图 5 - 1 鸵鸟蛋壳的显微结构以及有关实验方面的术语
A. 安氏鸵鸟蛋蛋壳径切面 B. 现生非洲鸵鸟蛋蛋壳径切面 C. 安氏鸵鸟蛋蛋壳弦切面
D. 现生非洲鸵鸟蛋蛋壳弦切面 E. 径切面 F. 弦切面 G. 外表面 H. 内表面
R. 鸵鸟蛋皮串珠外径 ER. 串珠钻孔外部直径 AR. 串珠钻孔内部直径
I. 鸵鸟蛋皮串珠平面图 J. 鸵鸟蛋皮串珠纵剖图

　　　　　　　　　　　/ 鸵鸟蛋皮串珠：不止于装饰

四　实验过程所需记录的要素

对复原鸵鸟蛋皮装饰品生产的认识是随着实验工作的增加而不断深入的。串珠的生产受到制作者的熟练程度、技术水平、钻孔工具原料的质地、尖刃角大小、工具运动方式、使用强度等多种因素影响，并且有些因素如矿物质染色等在串珠废弃之后还会受到埋藏条件和保存状况的影响而发生改变。因此，对于串珠生产的复原需要建立在大量的针对不同变量而设计的可掌控性实验（controlled experiment）之上①。实验过程中的各个环节和变量都是可以控制的，实验目的、材料、步骤、结果都有详尽的记录和表述，并且这种实验过程可以重复进行，实验结果可以相互对比并被检验。

1. 实验者

性别：男／女

年龄区间：Ⅰ级：10～20 岁；Ⅱ级：21～30 岁；Ⅲ级：31～40 岁；Ⅳ级：41～50 岁

技术等级：Ⅰ级：从未进行过串珠生产模拟实验者；Ⅱ级：参与过串珠生产模拟实验，且有一定的钻孔经验者；Ⅲ级：熟悉鸵鸟

---

① G. H. Odell，"Micro-wear in Perspective：A Sympathetic Response to Lawrence H. Keely，" *World Archaeology* 7 （1975）：226－240；沈辰：《石器微痕分析的考古学实验：理论、方法与运用》，高星、沈辰主编《石器微痕分析的考古学实验研究》，科学出版社，2008，第23～40页。

蛋皮的显微特征，熟练掌握钻孔、修型、磨光等生产技术者

利手：左利手／右利手

钻孔动作：Ⅰ：以手心作为串珠毛坯钻孔时的依托，另一只手旋转工具进行钻孔；Ⅱ：一只手将钻孔工具保持固定，而旋转另一只手心中的串珠毛坯；Ⅲ：钻孔时将串珠毛坯放在硬物上固定，旋转工具进行钻孔

钻孔方向：内表面／外表面／对钻

钻孔角度：钻孔工具与鸵鸟蛋皮内（外）表面相垂直（90°或近似90°）／倾斜（50°～85°）

实验时间：记录每个实验者进行串珠的不同生产阶段时所需的时间

2. 钻孔工具

编号：依照鸵鸟蛋皮串珠钻孔工具的英文名称（ostrich eggshell beads perforating tool），将编号主体部分缩写为 OESB. PT，第一件标本编号则为 OESB. PT 01

原料：鉴定岩性与质地

尺寸大小：包括工具的长、宽、厚以及重量

尖刃角：测定其未经加工直接使用的自然边所夹的角，记录在钻孔过程中尖刃角变化的情况

尖刃：工具刃部的大小，主要记录其尖刃具体发生作用的部分

／鸵 鸟 蛋 皮 串 珠：不 止 于 装 饰

的大小

3. 磨光工具

编号：依照钻孔工具的英文名称（grinding tool），将编号主体部分缩写为 OESB. GT，第一件标本编号则为 OESB. GT 01

原料：鉴定岩性与质地

尺寸大小：包括工具的长、宽、厚以及重量

4. 鸵鸟蛋皮毛坯

编号：以 OSB（ostrich eggshell blank）指代鸵鸟蛋皮毛坯，以第一件标本为例，编号为 OSB 001

尺寸大小：包括其大致面积、厚度、重量等，分别记录这几种因素在串珠不同生产阶段的变化情况

弯曲度：Ⅰ：平直；Ⅱ：微凹；Ⅲ：较凹；Ⅳ：强烈弯曲

断块及碎屑：串珠毛坯修型过程中产生的副产品，记录其尺寸大小及其大致分布情况

5. 染料

编号：以 OSB（ostrich eggshell blank）指代鸵鸟蛋皮毛坯，P（Pigment）代表染料，以第一件标本为例，编号为 OSB. P 001

原材料：染料的原料，如赭石、矿物质黏土以及蓝草等植物性染料

来源：染料的具体产地，是出自遗址还是地表采集

颜色：染料的颜色，如暗红色、浅红色、红褐色等

第三节　鸵鸟蛋皮串珠制作模拟实验
过程观察与分析

一　实验工作概况

鸵鸟蛋皮串珠制作模拟实验需要建立在大量针对不同变量而设计的实验工作之上，因此根据水洞沟第 8 地点出土鸵鸟蛋皮串珠的特征属性以及南非、西伯利亚的民族学材料，选择不同性别、年龄区间、技术等级的实验者。在进行本次实验前，实验设计者为实验操作者初步普及了鸵鸟蛋皮装饰品的相关背景知识以及本次实验的初衷，大致讲述了鸵鸟蛋皮串珠两种生产路线的步骤、可能出现的问题以及实验注意事项。本项研究根据该地点所出土串珠的测量参数，向参与的实验者给出串珠预设的期望数值，希望实验者们最终能够制作出相应大小的串珠（根据考古标本标准化均值所设定的预设尺寸为孔径 3 毫米，厚度 1.8 毫米，直径 8 毫米，重量约 0.08 克）。实验者可根据自己的经验或者意愿随意选择未加工的、带尖刃的石片或者修理过的钻为钻孔工具，以及大小、弯曲度均不同的鸵鸟蛋皮碎片为毛坯，生产路线也可随机选择。在实验开始前的准备阶段中，详细记录实验者、鸵鸟蛋皮毛坯以及钻孔工具的各种信息。在实验过程中，按照准备阶段、钻孔阶段、修型阶段以及磨光阶段分别记录实验时间、工具的变化情况（如钻孔工具的刃口，磨光工具的接触面等）、鸵鸟蛋皮串珠毛坯的变化情况以及有无事故发生及其原因（如修型过程中造成的毛坯劈裂、钻孔过程中毛坯的断裂以及磨光过程可能出现的串珠打磨成非圆形等）。实验期间填写鸵鸟蛋皮串珠模拟实验过程记录表，实验结束后填写鸵鸟蛋皮串珠制作模拟实验记录表。

二　实验标本观察以及与考古标本的对比分析

本项实验共涉及 80 件标本。本次模拟实验的目的在于，观察和分析在两种鸵鸟蛋皮串珠生产路线中各个阶段串珠产品的标志性特征，以及其间可能发生的各种事故及原因。

1. 生产路线 1

生产路线 1 所涉及标本共计 44 件。其中成功制作的串珠 32 件，出现事故而失败者 12 件（见表 5 - 1）。

表 5 - 1　鸵鸟蛋皮串珠制作模拟实验生产路线 1 中各阶段串珠成功与失败样本的统计

单位：件

钻孔方向 生产阶段	单面钻孔				对向钻孔			
	内表面		外表面		先内表面 后外表面		先外表面 后内表面	
	成功	失败	成功	失败	成功	失败	成功	失败
钻孔阶段	19	2	8	3	9	0	2	1

钻孔方向	单面钻孔				对向钻孔			
	内表面		外表面		先内表面后外表面		先外表面后内表面	
生产阶段	成功	失败	成功	失败	成功	失败	成功	失败
修型阶段	17	2	5	3	8	1	2	0
磨光阶段	17	0	5	0	8	0	2	0
总计	17	4	5	6	8	1	2	1
	21（65.6%）		11（34.4%）		9（75%）		3（25%）	

（1）实验者的技术等级

实验者的技术等级是影响串珠生产实验的一个重要因素。操作者技术水平的高低直接影响串珠生产的成功或失败。实验者主要来自中国科学院古脊椎动物与古人类研究所、地方高校的一些老师和研究生以及笔者周围其他行业的人员。在实验前按照之前所设定的标准对其进行技术水平评估并进行统计。从选择生产路线1的实验者技术等级来看，实验者多没有参与过任何装饰品的模拟实验，没有相关经验，主要以Ⅰ级为主，Ⅱ级次之，Ⅲ级最少（见图5-2）。

从图5-3可以看出，生产路线1中实验者技术等级与串珠成功及失败产品之间存在一定的对应关系。Ⅰ级实验者事故率最高，Ⅱ级次之，Ⅲ级事故率甚至为零。这表明实验者技术等级直接关系到串珠生产的成败。毕竟串珠生产与石器生产一样，是一个离心过程，且在晚更新世晚期，鸵鸟蛋皮不像石料那样易于获得，因此鸵鸟蛋

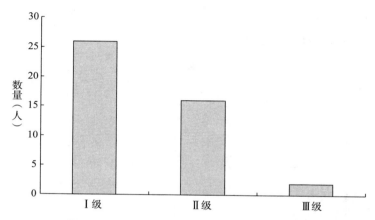

图 5 - 2 生产路线 1 中实验者技术等级的分布

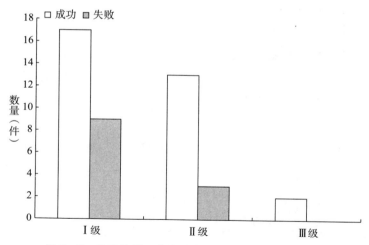

图 5 - 3 生产路线 1 中实验者技术等级与串珠成功及
失败产品之间的比例分布

第五章 鸵鸟蛋皮串珠的制作模拟实验/

皮串珠的生产对于工匠的技术水平要求是很高的。从图 5 - 4 可以看出，在生产路线 1 中，Ⅰ 级及 Ⅱ 级实验者的生产事故主要发生在钻孔及修型阶段，磨光阶段无生产事故。

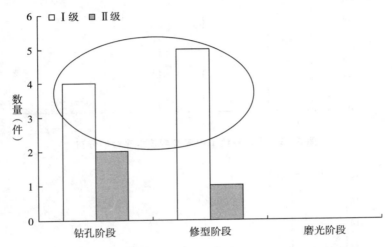

图 5 - 4　生产路线 1 中技术等级 Ⅰ 级、Ⅱ 级实验者在不同生产阶段串珠失败事故的分布

为什么事故会在串珠生产的钻孔和修型阶段频发呢？这与实验者的自身身体条件、专业技术素养以及鸵鸟蛋皮的物理性质有着密切关系。首先，鸵鸟蛋皮碎片有一定的弯曲度（弧度），弯曲度越大，就意味着其越平直。通常情况下，实验者应该选取弯曲度较大的鸵鸟蛋皮碎片作为串珠毛坯。Ⅰ 级实验者可能很难估测毛坯弯曲度大小对钻孔产生的重要影响，从而导致钻孔阶段 Ⅰ 级实验者事故

　　　　　　　　　　/ 鸵鸟蛋皮串珠：不止于装饰

率较高，而Ⅱ级实验者事故率则相对较低。此外，还有一个重要原因就是Ⅰ、Ⅱ级实验者在钻孔时用力过猛或者过大，因为实验者将毛坯抵在手掌或其他媒介物上时，钻孔工具的力量均集中于一点，且蛋皮毛坯相对较脆，尤其是当钻孔尚未完全钻透时，用力过大或过猛会使钻孔处产生裂纹进而向四周扩散，最终导致毛坯破碎。而在生产路线1的修型阶段中，由于该阶段的目的是将钻孔完毕的串珠毛坯修理成接近预设大小的尺寸，又因为毛坯中央存在钻孔的关系，因此在该阶段采用扁圆小砾石轻敲的过程中，如果实验者技术水平不高（Ⅰ级及Ⅱ级）的话，就会很容易发生事故，在毛坯钻孔处开裂（见图5-4）。

从实验者在各个生产阶段所花费的时间来看，Ⅰ级实验者所用时间最长，Ⅱ级次之，Ⅲ级实验者所用时间最短（见表5-2），这也反映了实验者技术水平的高低对鸵鸟蛋皮串珠生产效率的影响。

表5-2　不同技术等级实验者在生产路线1中的不同生产阶段所花费时间统计

单位：s

技术等级与生产阶段		数量（件）	平均值	标准差	变异系数	最大值	最小值
钻孔阶段	Ⅰ级	22	390	35.7	9.2	445	434
	Ⅱ级	14	288	26.1	9.1	318	266
	Ⅲ级	2	195	21.2	10.8	210	180

技术等级与生产阶段		数量（件）	平均值	标准差	变异系数	最大值	最小值
修型阶段	Ⅰ级	17	371	27.3	7.4	388	329
	Ⅱ级	13	262	23.1	8.8	280	234
	Ⅲ级	2	176	8.4	4.8	182	170
磨光阶段	Ⅰ级	17	540	37.9	7.1	578	492
	Ⅱ级	13	436	17.2	3.9	462	428
	Ⅲ级	2	332	16.9	5.1	344	320

（2）串珠的钻孔方向

钻孔方向的分析对于判断操作者的钻孔倾向具有重要的意义。从图5-5和图5-6可以看出，参与生产工序1的实验者的钻孔主要以由内表面向外表面进行的单向钻孔为主，其次为对向钻孔。

实验者选择钻孔的方向与蛋壳的显微结构有着密切关系。通过对鸵鸟蛋壳进行显微分析可以看出，在径切面中，柱状层又可以分为内外两层，内层与锥体层为过渡接触，柱状体基本上与蛋壳的平面垂直，再往外层则逐步过渡为放射状的交叉排列。在弦切面中，每个柱状体的弦切面呈现不规则的锯齿状，与相邻的柱状体相互嵌结。这种结构使蛋壳柱状层——蛋壳外表面特别致密，具有很高的坚固性，此外蛋壳外表面较为光滑，难以找到钻孔所需的着力点，容易发生破碎。图5-5显示，由外表面进行钻孔失败的比例远高于内表面钻孔，据此推测古人类倾向于内表面钻孔。

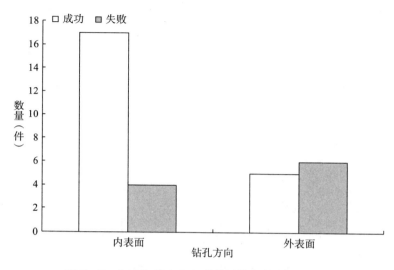

图 5-5 生产路线 1 中串珠单面钻孔产品中成功与
失败标本的分布

　　对向钻孔在生产路线 1 中也占有一定的比例。实验结果分析显示，对鸵鸟蛋皮由内表面进行钻孔工作时，当蛋皮内表面钻到底而外表面被钻透显现出一个小孔时，如果继续进行钻孔，则较为吃力；而将蛋皮反转过来，由外表面进行钻孔，以小孔为着力点，依靠钻头的两侧缘能够容易省力地将孔隙扩大到预期效果。反之，先由外表面进行钻孔，当钻至内表面出现一个小孔时，将毛坯翻转，再由内表面进行钻孔也可将孔径扩大到预期效果，但这种方法的事故率要高于前者（见图 5-6）。南非晚期石器时代（LSA）遗址和水洞沟地区存在相当数量的对向钻孔串珠，这可能是远古人类发现对向

第五章　鸵鸟蛋皮串珠的制作模拟实验/

钻孔成功率较高的结果。

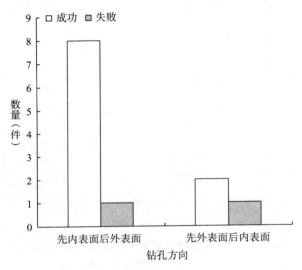

图 5 - 6 生产路线 1 中串珠对向钻孔产品中成功与
失败标本的分布

（3）串珠生产事故原因分析

从图 5 - 7 及图 5 - 8 可以看出，无论单面钻孔还是对向钻孔，事故均发生于钻孔和修型阶段（见图 5 - 9）。事故主要表现为以下几个方面（见彩图 16）。

①钻孔阶段中，当单面钻孔尚未完全钻透时，串珠毛坯发生破碎；

②钻孔阶段中，当毛坯钻孔钻透并继续扩大时，串珠毛坯发生开裂；

/ 鸵鸟蛋皮串珠：不止于装饰

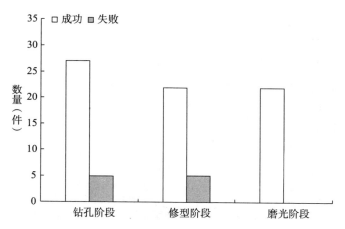

**图 5 − 7　生产路线 1 中单面钻孔产品在各生产阶段中成功与
失败标本的分布**

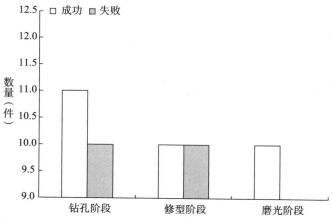

**图 5 − 8　生产路线 1 中对向钻孔产品在各生产阶段中成功与
失败标本的分布**

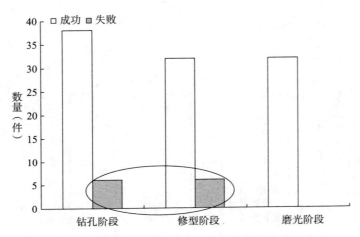

**图 5－9　生产路线 1 中串珠产品在各生产阶段中成功与
失败标本的分布**

③修型阶段中，将毛坯相对凹的内表面置于手心或扁平砾石等
其他媒介物上进行轻敲修型时，串珠毛坯发生破碎，多见于穿孔周
围区域；

④修型阶段中，将毛坯相对凸的外表面置于手心或扁平砾石等
其他媒介物上进行轻敲修型时，串珠毛坯也会发生破碎，且也多见
于穿孔周围区域；

⑤修型阶段中，由于敲砸位置过于靠近串珠毛坯的中心位置，
使得产生的破碎痕迹一直延伸至穿孔周围，导致串珠废弃。

根据鸵鸟蛋皮串珠生产模拟实验记录，结合蛋皮串珠的显微结
构以及实验者自身的因素分析，事故原因主要有以下几个方面。

　　　　　　　　　　／鸵鸟蛋皮串珠：不止于装饰

首先，在鸵鸟蛋皮毛坯的准备阶段，有一部分Ⅰ级、Ⅱ级实验者选择了弯曲度较小的蛋皮碎片作为毛坯，这就意味着毛坯不甚平直。在钻孔阶段毛坯尚未钻透时，由于使用工具进行钻孔存在一个下压的冲力，且毛坯较弯曲，无论单向或对向钻孔都使其不能承受这种力量，导致破碎事故频发。

其次，修型阶段的事故也与实验者的技术水平有着直接关系。Ⅰ级及Ⅱ级实验者在修型过程中，太过专注于一侧面修整，有时力度过大或者着力点太靠近钻孔处，都会导致在钻孔处发生破碎。事实上，串珠毛坯的修型应该反复翻转毛坯，内外表面修整交替进行，而不应仅着眼于一侧面；修型时，手指尽量捏住修型受力部位，可以延缓打击力的传导，从而达到减少事故的目的。

2. 生产路线2

生产路线2所涉及标本共计36件。其中成功制作出的串珠16件，出现事故而失败者20件（见表5-3）。

（1）实验者的技术等级

在实验前按照之前所设定的标准对实验者进行技术水平评估并进行统计。从选择生产路线2的实验者的技术等级来看，由于实验前笔者对实验者做串珠模拟实验背景知识介绍时，提到生产路线2对于个人技术的要求较高，因此引发了实验者的避险情绪，导致选

表 5 – 3　鸵鸟蛋皮串珠制作模拟实验生产路线 2 中各阶段串珠成功与失败样本的统计

单位：件

钻孔方向	单面钻孔				对向钻孔			
	内表面		外表面		先内表面 后外表面		先外表面 后内表面	
生产阶段	成功	失败	成功	失败	成功	失败	成功	失败
修型阶段	14	4	6	2	6	1	2	1
钻孔阶段	8	6	3	3	4	2	1	1
磨光阶段	8	0	3	0	4	0	1	0
总计	8	10	3	5	4	3	1	2
	18（69.2%）		8（30.8%）		7（70%）		3（30%）	

择生产路线 2 的人较生产路线 1 要少得多。总体来说，实验者还是以Ⅰ级为主，Ⅱ级次之，Ⅲ级最少（见图 5 – 10）。

从图 5 – 11 可以看出，生产路线 2 中实验者技术等级与串珠成功及失败产品之间仍然存在明显的对应关系。Ⅰ级实验者事故率最高，Ⅱ级次之，Ⅲ级事故率甚至为零。生产路线 2 对于实验者的技术要求明显高于生产路线 1。从表 5 – 3 和图 5 – 12 可以看出，在生产路线 2 中，Ⅰ级和Ⅱ级实验者的生产事故主要发生在钻孔及修型阶段，磨光阶段无生产事故；Ⅰ级实验者在钻孔阶段的事故率要远高于修型阶段。

在生产路线 2 的修型阶段中，实验者采用扁圆小砾石进行轻敲修型，修型开始时打击点略为靠近毛坯内侧，而随着毛坯本身的不

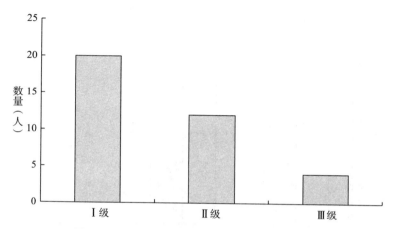

图 5 - 10　生产路线 2 中实验者技术等级的分布

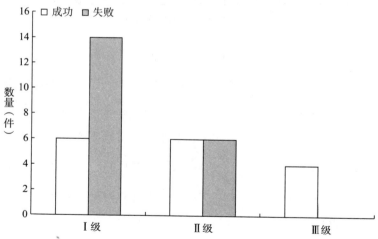

图 5 - 11　生产路线 2 中实验者技术等级与串珠成功及
失败产品之间的分布

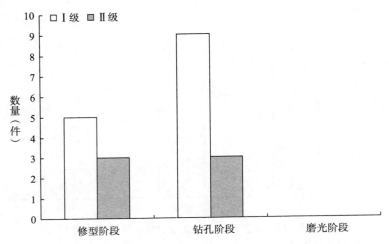

图 5 – 12　生产路线 2 中技术等级 Ⅰ 级、Ⅱ 级实验者在不同生产
阶段串珠失败事故的分布

断缩小，如果不调整打击点位置，串珠毛坯就容易在预设钻孔处发
生破裂。通常情况下，实验者在修型时，不应停留在一侧面修整，
而应该不停翻转毛坯修型，则修型产生的碎屑会越来越小，修型阶
段临近结束的时候产生的碎屑个体非常小，呈粉末状。而在钻孔阶
段中，由于串珠毛坯较小，所以在毛坯表面找到一个合适的钻孔着
力点是十分重要的。在本次生产路线 2 的模拟实验中，造成事故的
重要原因就是着力点位置选择不当，没有选择在串珠毛坯的相对中
央位置，因此当钻孔力度不均时，容易在钻孔偏向的一侧发生破裂。
此外值得注意的一个重要问题是，当实验者操作一段时间后发现效率不高，通常会简单地认为是施加的力度不够。实际上这是因为在串珠毛坯大小固定的情况下，实验者没有选择合适的钻孔工具，因为工具的尖刃过大或过小都会使生产效率大大降低。当工具尖刃过大时，会造成串珠毛坯的破碎；当工具尖刃过小时，会造成工具刃部的严重破损，从而失去使用价值而不得不废弃。通过实验事故分析，笔者认为实验者在选择生产路线 2 前，应该选择刃部以下 3 毫米范围的直径与串珠预设钻孔外径相近的钻孔工具较为有利。

从实验者在各个生产阶段所花费的时间来看，以 I 级实验者所用时间最长，II 级次之，III 级实验者所用时间最短（见表 5 - 4），这反映了实验者技术水平与花费时间的相对关系，技术等级越高，生产所需时间越短；反之，生产所需时间则越长。

表 5 - 4　不同技术等级实验者在生产路线 2 中不同生产阶段所花费的时间统计

单位：件，s

技术等级与生产阶段		数量	平均值	标准差	变异系数	最大值	最小值
修型阶段	I 级	15	397	32.2	8.11	454	372
	II 级	9	276	26.7	9.67	328	257
	III 级	4	175	23.3	13.31	223	159
钻孔阶段	I 级	6	404	33.1	8.19	472	384
	II 级	6	289	32.0	11.07	327	243
	III 级	4	186	24.4	13.11	221	174

技术等级与生产阶段		数量	平均值	标准差	变异系数	最大值	最小值
磨光阶段	Ⅰ级	6	547	23.2	4.24	567	502
	Ⅱ级	6	443	12.6	2.84	466	429
	Ⅲ级	4	317	24.1	7.60	332	285

（2）串珠的钻孔方向

从图 5 - 13 可以看出参与生产路线 2 的实验者主要选择单面钻孔，串珠钻孔方向主要以单向钻孔为主，其中以由内表面向外表面进行钻孔为最多；其次为对向钻孔，以先内表面后外表面钻孔为主。

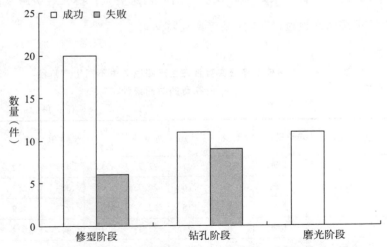

图 5 - 13　生产路线 2 中单面钻孔产品在各生产阶段中成功与失败标本的分布

由于生产路线 2 中钻孔阶段排在修型阶段之后，修型后的串珠毛坯整体变小，钻孔时受力的媒介物变小，使得钻孔时不像以前那样容易。在模拟实验中可以观察到，由于实验者本身的技术水平限制，多数人还是选择了难度系数较低的内表面钻孔，对向钻孔也占一定比例。但在图 5 – 12 中可以看出，钻孔阶段的事故率非常高。根据鸵鸟蛋皮串珠生产模拟实验过程记录表来看，断裂事故主要发生在钻孔尚未完全钻透的阶段，这主要是由于 I 级实验者在钻孔时的着力点位置选择出现问题，或者是在钻孔过程中，由于对串珠毛坯钻孔的冲压力不够，没有能够完全固定住工具尖刃的位置，导致着力点发生位移，从而使后续阶段中的钻孔位置越来越偏离于毛坯的中心位置，最终使串珠毛坯发生断裂。因此，无论是单向还是对向钻孔，成功钻孔的样品都是由 II 级及 III 级实验者来完成的。在钻孔过程中，他们不完全注重所消耗时间的因素，力图在最大限度内发挥工具的效能。他们通常花费的时间较生产路线 1 相对要长一些，不急于求成，在钻孔时冲压力适中，始终保持钻头近乎匀速转动，使钻孔开始时受力点不发生位移，一旦受力点稳定下来，事故发生率就大大降低了。

　　对向钻孔在生产路线 2 中也占有一定的比例。实验结果分析显示，生产路线 2 中对向钻孔的事故发生率较之生产路线 1 要高得多（见图 5 – 14）。因为在生产路线 1 中，钻孔阶段先于修型阶段，实验者对向钻孔时可选择的钻孔位置较多，即使在钻孔过程中着力点发生位移也不容易产生事故，修型时可以按照钻孔的位置进行修整。而在生产路线 2 中，修型阶段先于钻孔阶段，钻孔的着力点位置基本上已经按照修整好的毛坯被固定下来，没有可选择的余地；一旦着力点偏离钻孔位置的安全区间，就非常容易发生破裂事故，即使一侧钻孔成功，另一侧钻孔也会很容易造成钻孔事故，通常在串珠毛坯钻孔的 1/3 处或 2/3 处发生断裂。

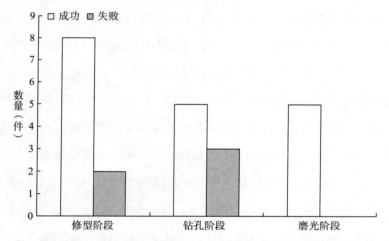

图 5 - 14　生产路线 2 中对向钻孔产品在各生产阶段中成功与失败标本的分布

综上可以看出，修型阶段先于钻孔阶段的生产路线 2 的事故发生率要远远高于生产路线 1，因此推测这可能是南非晚期石器时代（LSA）出土的鸵鸟蛋皮串珠以及水洞沟地区鸵鸟蛋皮串珠采集品的生产路线以生产路线 1 为主的原因之一。

（3）串珠生产事故原因分析

从图 5-15 可以看出，无论单面钻孔还是对向钻孔，事故均发生于钻孔和修型阶段。事故主要表现为以下几个方面（见彩图 16）。

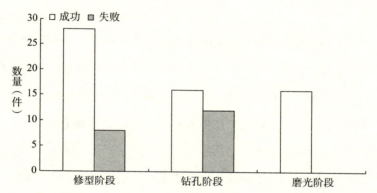

图 5-15　生产路线 2 中串珠产品在各生产阶段中成功与失败标本的分布

①在修型阶段中，将毛坯相对凹或凸的内表面置于手心或扁平砾石等其他媒介物进行轻敲修型时，串珠毛坯发生破碎，多见于穿孔周围区域；

②在钻孔阶段中，Ⅰ级实验者钻孔时，钻孔着力点在毛坯上发生位移，从而使串珠毛坯发生破碎，多见于穿孔周围区域；

③在钻孔阶段中，实验者对向钻孔时，一侧钻孔外径过大，从另一侧向其钻孔时，由于受力不均，串珠毛坯容易发生破碎，这种

情况下的产品通常以破碎状态出现，两侧面钻孔程度明显不同，主要发生于钻孔尚未完全钻透的生产阶段（stage V）。

根据鸵鸟蛋皮串珠生产模拟实验记录，结合蛋皮串珠的显微结构以及实验者自身的因素分析，事故原因主要有以下几个方面。

首先，修型阶段的事故原因与生产路线 1 相似，也与实验者的技术水平有着直接关系。Ⅰ级与Ⅱ级实验者在修型过程中，由于受技术水平的限制，毛坯修整力度不均，或对串珠毛坯边缘敲砸位置把握不准，容易产生较大的蛋皮碎片（往往超过串珠毛坯的 1/3 甚至 1/2），使该件串珠毛坯废弃。

其次，生产路线 2 中钻孔阶段事故发生的原因是多方面的。首要原因就是串珠毛坯较生产路线 1 中钻孔阶段的毛坯相对要小得多。因为生产路线 2 是修型阶段先于钻孔阶段，通常情况下，修型后的串珠毛坯直径约比磨光后的串珠成品大 4 毫米左右，这就限定了钻孔的大致位置，这个位置一般位于毛坯的正中部。事故发生的次要原因是实验者的技术水平。在限定毛坯大小和钻孔位置的前提下，Ⅰ级及Ⅱ级实验者对于钻孔位置的把握能力较差，常会出现钻孔位置过于偏离毛坯中心位置的情况，钻孔时就会出现钻孔两侧一侧大一侧小的现象，随着孔径的不断变大，相对较小一侧破裂的可能性就会增加，最终导致串珠毛坯破碎。而在钻孔阶段先于修型阶段的生产路线 1 中，实验者不用过多考虑串珠毛坯大小对于钻孔的影响，因为实验者选择的毛坯相对修型后的毛坯要大得多，即使钻孔时着力点发生位移，也不会对串珠制作造成坏的影响，等到修型时以钻孔处为参照对毛坯进行修整即可。

第四节　鸵鸟蛋皮串珠毛坯可利用性以及串珠成品标准化的评估

1. 鸵鸟蛋皮串珠毛坯可利用性的评估

鸵鸟蛋皮串珠毛坯的可利用性可以通过模拟实验前后串珠毛坯的尺寸等属性，以及实验者技术等级等因素体现出来。为了更加形象地体现古人类对串珠毛坯的利用程度，本书在此创设了"鸵鸟蛋皮串珠加工指数"（Retouch index of OES beads）的概念。该指数为串珠成品面积与毛坯面积的比值，该指数的大小，可以反映古人类对于鸵鸟蛋皮毛坯利用的倾向性及制作者相应的技术水平。加工指数越高，说明制作者对串珠毛坯的利用程度就越高，技术水平也较高；反之，其利用程度和技术水平就相对较低。

通过对鸵鸟蛋皮串珠生产模拟实验的生产路线 1 和 2 中串珠产品的加工指数进行统计（见图 5 – 16），可以看出生产路线 1 和 2 中串珠的加工指数分布区间大体一致。但从峰值上来看，生产路线 1 中串珠的加工指数要略高于生产路线 2，且前者加工指数区间的变异程度要大于后者。这可能是两种生产路线的模拟实验中成功生产串珠的实验者的技术水平差异较大造成的。在生产路线 1 中，Ⅰ级实验者成功制作出 17 件，Ⅱ级者 13 件，Ⅲ级者 2 件；而在生产路线 2 中，Ⅰ级者、Ⅱ级者均为 6 件，Ⅲ级者为 4 件。因为在生产路线 1 中以Ⅰ级实验者为主，在选择串珠毛坯时缺乏考虑，没有尽可能选择较平直、个体适中的毛坯，而是选择了一些个体大小不均、弯曲度较小的蛋皮碎片作为毛坯，修型时去掉了毛坯的大部分，这就造成了蛋皮原材料的浪费，导致加工指数变异较大，使得串珠毛坯整体利用率不高。

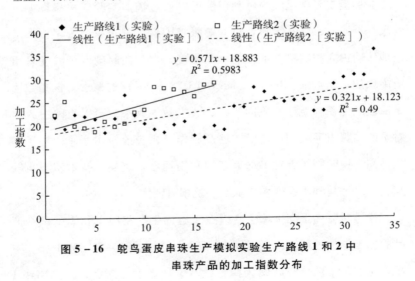

图 5 - 16　鸵鸟蛋皮串珠生产模拟实验生产路线 1 和 2 中串珠产品的加工指数分布

根据图 5 - 17，可以看出鸵鸟蛋皮串珠生产模拟实验生产路线 1

　　　　　　　　　　　　　／鸵鸟蛋皮串珠：不止于装饰

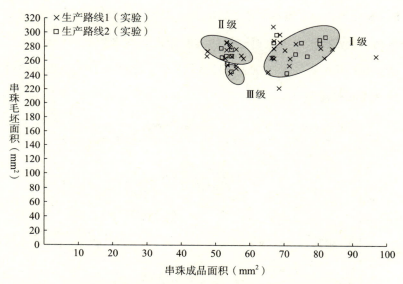

图 5 – 17   鸵鸟蛋皮串珠生产模拟实验生产路线 1 和 2 中串珠毛坯及
成品面积与实验者技术等级的关系

和 2 中串珠毛坯面积与成品面积的对应关系，并在一定程度上反映出实验者相应的技术等级。图 5 – 17 中下部的阴影区域是 Ⅲ 级技术等级的实验者所制作串珠面积的分布范围，其串珠成品面积较小，而串珠毛坯面积也相对较小，体现了这些标本的制作者技术水平较高；而 Ⅱ 级实验者选择的串珠毛坯较大，串珠成品面积相对小一些，反映出其技术水平略逊于 Ⅲ 级实验者；Ⅰ 级实验者选择的串珠毛坯较大，由于技术水平和经验的原因，制作的串珠成品也较大，消耗的蛋皮材料也最多，投入与产出比较低，所以其利用率不高。而图

5－18 反映出生产路线 1 和 2 的串珠产品面积分布均与预设尺寸相差不大，由于技术水平相对较低的实验者占实验者总数的一半以上，所以其产品面积分布存在一定程度的变异，总体来看各个生产路线串珠的面积趋于一致。

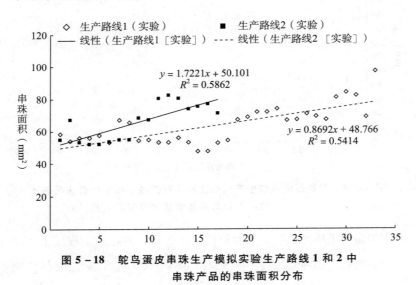

图 5－18 鸵鸟蛋皮串珠生产模拟实验生产路线 1 和 2 中串珠产品的串珠面积分布

2. 鸵鸟蛋皮串珠成品标准化的评估

根据水洞沟第 8 地点出土的鸵鸟蛋皮串珠的测量尺寸统计，本书将该地点出土串珠的尺寸平均值（内径 2.76 毫米，外径 3.61 毫米，厚度 1.76 毫米，直径 7.7 毫米，重量 0.075 克）作为此次模拟实验的基本标准，通过对两种生产路线产品各种参数的统计，分析其具体的标准化趋势。

　　首先，从两种生产路线中各个生产阶段的鸵鸟蛋皮串珠钻孔外径和内径的统计来看，生产路线1和2的产品与第8地点标本相比，内、外径变异均较大（见表5-5），但从整体来看，钻孔大小是趋于一致的，分布较为稳定（见图5-19）。这与实验者的技术水平高低有着密切关系，Ⅰ级实验者的产品所占比重较大，尤其是在实验前已经告知串珠基本标准尺寸的情况下，仍然出现内、外径变异较大的现象，这也体现了实验者的技术等级在某种程度上对于串珠产品的最终形态具有决定性的影响。

表 5-5　水洞沟第 8 地点及实验中各个生产阶段的鸵鸟蛋皮串珠
钻孔外径和内径的统计

单位：件，mm

| 阶段 | 数量 | 钻孔内径 | | | | | 钻孔外径 | | | | |
		平均值	标准差	变异系数	最小值	最大值	平均值	标准差	变异系数	最小值	最大值
水洞沟第 8 地点	8	2.76	0.658	23.8	1.8	3.5	3.61	0.72	19.9	2.5	4.6
生产路线 1（实验）	32	2.96	0.56	18.91	2.79	3.6	4.01	0.48	11.97	3.7	4.62
生产路线 2（实验）	16	2.89	0.46	15.91	2.79	3.54	3.75	0.51	13.61	3.9	4.67

　　其次，串珠的直径、面积、重量也是体现其标准化趋势的重要

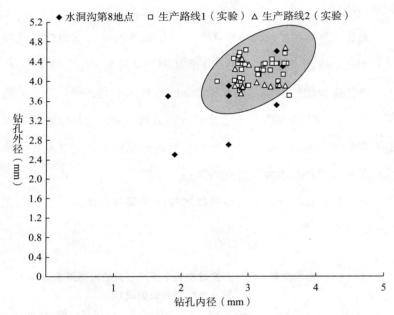

图 5 - 19　水洞沟第 8 地点鸵鸟蛋皮串珠以及鸵鸟蛋皮串珠生产模拟实验（生产路线 1 和 2）串珠产品钻孔内径和外径的对应关系

指标。直径、面积和重量是与串珠的修型阶段密切联系在一起的。修型过程的顺利与否直接关系到串珠毛坯上述要素的变化，同时也与实验者的技术水平存在密切关系。从图 5 - 20 可以看出，模拟实验产生的串珠直径变异均较大，总体来看尺寸略大于第 8 地点，其中生产路线 1 的产品直径与遗址的出土物较为接近，这是由于生产路线 1 为钻孔阶段先于修型阶段，其事故率要低于生产路线 2。因为

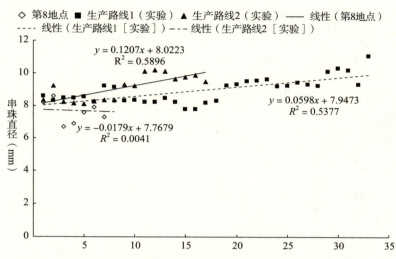

图 5 – 20　水洞沟第 8 地点鸵鸟蛋皮串珠以及鸵鸟蛋皮串珠生产
模拟实验（生产路线 1 和 2）串珠产品
直径的线性关系

后者修型阶段先于钻孔阶段，要充分考虑到修型后的毛坯必须给钻孔预留足够的位置，修型后的毛坯直径越小，事故率就越高，故实验者为了有效地规避事故风险，在修型时使串珠毛坯的直径较大，从而使其面积、重量也较生产路线 1 的标本大一些（见图 5 – 21）。然而，就模拟实验整体标本而言，串珠的上述要素趋于一致，具有一定的标准化趋势。

最后，从串珠的厚度来看，第 8 地点和模拟实验的标本尺寸分布较为一致（见图 5 – 22）。串珠的厚度是与磨光阶段联系在一起

第五章　鸵鸟蛋皮串珠的制作模拟实验/

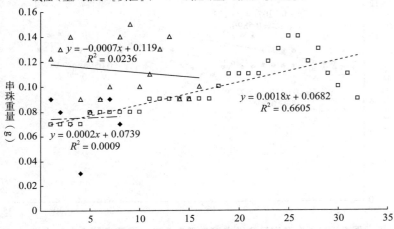

图 5-21　水洞沟第 8 地点鸵鸟蛋皮串珠以及鸵鸟蛋皮串珠生产模拟
实验（生产路线 1 和 2）串珠产品重量的线性关系

的。从生产路线 1 和 2 的磨光阶段记录来看，该阶段从未出现过事
故，它是各个技术等级实验者最容易把握的生产阶段，该阶段主要
是对串珠内外表面进行抛光打磨，也就是对鸵鸟蛋皮的表面晶体层、
卵壳膜、锥体层等部位进行研磨抛光。一般来说，磨掉的部分厚约
0.2～0.3 毫米。因此从图 5-22 看，实验标本厚度较之考古标本略
高，整体上趋于一致，反映了明显的标准化趋势。

此外，通过第 8 地点和模拟实验产生的串珠钻孔孔径指数对比，
可以反映出串珠制作者对于串珠毛坯尺寸和钻孔孔径之间关系的掌

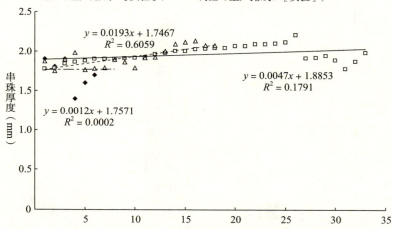

图 5 - 22 水洞沟第 8 地点鸵鸟蛋皮串珠以及鸵鸟蛋皮串珠生产模拟
实验（生产路线 1 和 2）串珠产品厚度的线性关系

控能力，从而体现出制作者对钻孔孔径的倾向性。从图 5 - 23 可以
看出，实验标本的孔径指数主要为 0.3～0.5，最大值达到 0.43，均
值为 0.35，呈正态分布，在 0.3～0.4 变异区间内达到峰值。虽然实
验者存在不同的技术等级，但从整体上来看，钻孔孔径趋于稳定，
这反映了实验者能够较好地把握串珠钻孔的大小，力求做到串珠生
产标准化，也体现出古人类有意使生产出来的最终串珠产品大小均
一，让串珠佩戴起来更具美感。

综上所述，虽然串珠样品数量不多，但从其直径、重量、厚度、
面积等参数统计分析来看，模拟实验串珠略高于考古标本，个别参

第五章 鸵鸟蛋皮串珠的制作模拟实验/

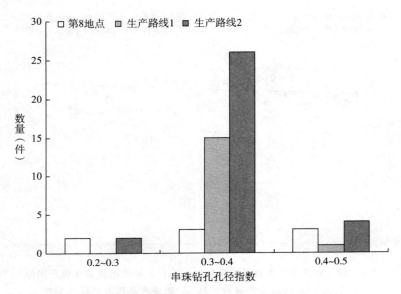

**图 5 – 23　水洞沟第 8 地点和模拟实验中鸵鸟蛋皮
串珠钻孔孔径指数对比**

数变异较大，这与实验者的技术水平和串珠的具体生产路线有着密切关系，但从整体上趋于一致，反映了模拟实验标本明显的标准化生产趋势（见彩图 15、彩图 17）。

／鸵鸟蛋皮串珠：不止于装饰

第六章　鸵鸟蛋皮串珠染色模拟实验

　　鸵鸟蛋皮串珠染色实验主要是根据民族学中对装饰品染色的记载来对鸵鸟蛋皮串珠进行染色，而后将染色后的串珠放置于地表，一段时间后将其置于砂土堆积中，观察串珠暴露于地表以及埋藏于堆积期间串珠内外表面矿物质染色的变化情况，并与考古标本进行对比，从而尝试解释串珠内外表面染色保存状况存在差异的原因。

第一节　实验背景

　　根据目前国内外民族学材料记载，对于装饰品染色主要利用自然界中的天然材料[①]。这些天然材料主要包括两大类[②]。一类是矿物质染料，它们主要是从当地的矿土中提取加工而成，用来染色的矿

[①]　龚建培：《中国传统矿物颜料、染色方法及应用前景初探》，《美术与设计》2003 年第 4 期，第 80 ~ 84 页。

[②]　张国学、裴盛基、李炳钧：《民族植物学方法在民族民间染色植物研究中的应用》，《云南植物研究》2003 年第 25 卷第 14 期，第 1 ~ 3 页。

物质染料主要有赤铁矿、朱砂、石黄、空青、蓝铜矿、粉锡、蜃灰、白云母、炭黑等，如红色、褐色及黄色染料是从赭石矿土中获得，黑色染料则是从锰矿中获得。另一类是动植物性染料，植物染料有茜草、紫草、苏木、靛蓝、红花、石榴、黄栀子、茶等，主要利用植物的花、草、茎、叶、果实、种子、皮、根等提取色素作为染料；动物染料有虫（紫）胶、胭脂红虫等。矿物质染料作为自然的无机染料，比动植物性染料有更好的稳定性，覆盖能力强，耐光、耐热性强，不易消退，且资源丰富，易于获得和使用，所以与动植物性染料相比更具有可利用性。

依据考古材料和民族学材料记载，利用矿物质染料对装饰品进行染色一般有两种方式①。一种方法是简单的浸染，即把矿石粉碎、研磨，用水调和后涂在装饰品上。依据南非布须曼人（bushman）民族学材料所记载的鸵鸟蛋皮串珠染色方法，先将赭石研磨出一部分

① Francesco d'Errico, et al., "Archaeological Evidence for the Emergence of Language, Symbolism, and Music—An Alternative Multidisciplinary Perspective," *Journal of World Prehistory* 17 (2008): 1 – 70; C. J. Parkington, et al., "From Tool to Symbol: the Behavioural Context of Intentionally Marked Ostrich Eggshell from Diepkloof, Western Cape," in F. d'Errico and L. Backwell, eds., *From Tools to Symbols. From Early Hominids to Modern Humans* (Johannesburg: Witwatersrand University Press, 2005), pp. 475 – 492; Sally McBrearty, Alison S. Brooks, "The Revolution That Wasn't: a New Interpretation of the Origin of Modern Human Behavior," *Journal of Human Evolution* 39 (2000): 453 – 563.

/ 鸵 鸟 蛋 皮 串 珠 ： 不 止 于 装 饰

赭石粉，然后将其与一定比例的水混合（约 1 克的赭石粉混合 5～7 毫升的水），制成稀释的"染料浆"；而后将制成的鸵鸟蛋皮串珠投入"染料浆"中，约 12 小时后取出，使矿物质染料能完全浸入蛋皮表面内；放置阴凉处将其晾干，然后用麻绳及干草反复轻搓，使其表面不稳定的染色剂脱落，看起来更具光泽感。另一种方法是将矿物质染料研磨成粉，与黏土或其他植物性材料制成染色黏合剂。由于装饰品材料多为动物骨骼、牙齿、鸵鸟蛋皮等，与单纯的矿物质染料没有较强的亲和力，而这种染色黏合剂具有较强的黏合性，即使长时间的水淋也不会脱落。俄罗斯阿尔泰地区的 Kara-Bom 遗址出土的装饰品即采用这种方法染色。根据俄罗斯学者 N. A. Kulik 的研究，该遗址的装饰品染色方法是先将赭石研磨成粉，然后在遗址附近的沼泽区获取一种含碳黏土，将赭石粉末与其混合，制成具有黏附、凝固和一定防水性的赭黏土。同时在该遗址内还发现了研磨矿物质染料的磨石，以及一件可能用于调色的扁平砾石，砾石表面的空隙内含有黏赭土成分，且微痕分析显示该件工具经过短期的单向运动[1]。

综上，由于时间所限以及通过对遗址周围环境的调查，第 8 地点尚不具备存在上述矿物质黏土的自然条件，故本项研究主要采用

---

[1] A. P. Derevianko, "The Middle to Upper Paleolithic Transition in the Altai," *Archaeology, Ethnology and Anthropology of Eurasia* 3 (2001): 70 – 103.

相对简单的浸染，即把赭石粉碎、研磨，用水调和后涂抹在鸵鸟蛋皮串珠上或将其浸泡在赭石染料浆中。

第二节　实验工作概况

本项实验的主要目的是观察染色后的鸵鸟蛋皮串珠在埋藏过程中内外表面染色情况的变化，以及这种变化是否与串珠埋藏时的具体状态及保存的条件存在关系。基于上述研究目的，为建立串珠考古标本观察和分析的基础，本项研究考虑到标本的完整回收问题，以及时间、精力和自然条件等因素，将染色串珠的埋藏过程设定为一个假想的安全模式，即不存在人为扰动现象。

串珠矿物质染色实验所用的串珠即鸵鸟蛋皮串珠生产模拟实验中所生产出来的串珠成品，共计 20 件。根据西北地区区域矿产调查，可以看到在遗址以北的银川地区贺兰山—石嘴山一线蕴藏着丰富的赤铁矿[①]，考虑到矿物质染料的来源，本次实验选用赤铁矿作为串珠染色的原材料（见彩图 18，2、3）。赤铁矿又名赭石，主要成分是三氧化二铁，呈暗红色。选用遗址附近边沟河河床上采集的花岗岩质河卵石作为研磨工具（见彩图 18，1）。

---

① 宁夏回族自治区地质矿产局：《宁夏回族自治区区域地质志》，地质出版社，1990，第 1～522 页。

利用河卵石对赭石进行研磨，研磨出一部分赭石粉，然后将其与一定比例的水混合（约 5 克的赭石粉混合 15～20 毫升的水），制成稀释的"染料浆"（见彩图 18，4、5）。而后将制成的鸵鸟蛋皮串珠投入"染料浆"中（见彩图 18，6），约 12 小时后取出，使矿物质染料能完全浸入蛋皮表面内。放置阴凉处将其晾干，然后用麻绳及干草反复轻搓，使其表面不稳定的染色剂脱落，看起来更具光泽感。

　　模拟染色后的鸵鸟蛋皮串珠的埋藏过程，主要分为两个阶段。第一个阶段是将其暴露于地表，将染色后的串珠放置于地表位置较高的地方，防止其下雨期间被雨水冲走，该阶段记录时间约 1 个月，第 1 周未下雨，后来 3 周共下过 3 场雨（其中 2 场小雨，1 场中雨），每个星期观察 1 次。第二个阶段将暴露于地表 1 个月的串珠放置于深约 20～30 厘米的砂土内，时间也为 1 个月（其间 2 场小雨），详细记录串珠刚刚染色后内外表面的状态、染色后串珠的摆放及位移情况（内表面/外表面置于下面）、该时间段内的天气变化情况以及串珠内外表面染色情况的变化等。根据以上实验记录，并结合串珠本身的显微结构以及矿物质染料对其表面的浸染情况等方面，分析串珠内外表面染色状态的变化及原因，探究串珠的埋藏状态及过程是否对其表面染色状态发生改变起到了重要作用。

第三节　实验典型标本观察与对比分析

一　实验典型标本观察

OSB 015，直径 7.6 毫米，厚 1.9 毫米，重 0.07 克，钻孔内径 3.3 毫米，钻孔外径 4.3 毫米，为内表面向外表面钻孔。在暴露地表期间，第一周结束时进行观察，内表面染色无变化，外表面变化不明显，阳光下观察颜色稍微变浅。3 周后进行观察，串珠变为内表面朝上，且发生位移，位于一个较缓的斜坡上，推测应该是雨水将其从地表较高的地方冲下来，其距原始位置约 0.18 米；串珠外表面所染颜色变淡，呈浅红色，内表面颜色也变淡，但程度不及外表面，且明显能观察到染料已渗入内表面锥体层内。而后在标本的埋藏过程中，位置未发生较大改变，轻擦去表面的浮土，外表面颜色较之深埋之前更浅，但是能看出其明显的染色痕迹，内表面颜色较深，呈暗红色，变化不大（见彩图 19，3）。

OSB 023，直径 8.4 毫米，厚 1.8 毫米，重 0.09 克，钻孔内径 3.4 毫米，钻孔外径 4.6 毫米，为对向钻孔。在暴露地表期间，第一周结束时进行观察，内外表面染色均无明显变化。3 周后进行观察，串珠仍为外表面朝上，发生位移，位于缓坡上，其距原始位置约 0.13 米；串珠外表面所染颜色变淡，呈浅红色，内表面颜色变化不大，为深红色。而后在标本的埋藏过程中，其位置未发生较大改变，外表面颜色较之深埋之前更浅，只能观察到零星的染色痕迹；而内表面颜色较深，呈暗红色，变化不大（见彩图19，1）。

OSB 033，直径8.3毫米，厚1.8毫米，重0.08克，钻孔内径3.3毫米，钻孔外径4.4毫米，为对向钻孔。在暴露地表期间，第一周结束时进行观察，内表面染色无明显变化，外表面颜色变浅。3周后进行观察，串珠状态呈倾斜状，约2/3被浮土覆盖，内表面约1/3朝上，且发生位移，其距原始位置约0.08米；串珠外表面所染颜色变淡，呈浅红色，暴露于地表1/3的内表面颜色较被埋藏的部分变化较大，为浅红色。而后在标本的埋藏过程中，其位置未发生较大改变，外表面颜色变得更浅，染色痕迹不甚明显；而内表面约一半颜色较深，呈暗红色，变化不大，另一半颜色痕迹不明显（见彩图19，2）。

二 考古标本与实验标本的对比分析

从染色串珠埋藏模拟实验记录表（见表6-1）中可以观察到，当染色后的串珠以外表面朝上的状态暴露于地表时，一段时间后内表面的染色痕迹变化不大，但外表面染色痕迹变得不十分明显，且有的仅见于外表面气孔处或钻孔周围；而当其以内表面朝上的状态暴露于地表时，一段时间后内表面的染色痕迹变化仍然不大，仅为变淡；而外表面染色痕迹变得不明显，且有的仅见于外表面气孔处或穿孔周围。

此外，从表 6 - 2 中可以看出，串珠埋藏及出土时无论是内表面朝上还是外表面朝上，串珠内表面矿物质染色的痕迹都较为明显，仅程度有所差别，以分布均匀为主；而外表面染色发现较少，且分布零散，仅见于外表面气孔及串珠穿孔处。暴露于地表以及埋藏状态下的串珠内、外表面染色痕迹的变化情况，表明串珠经过一段时间暴露于地表以及埋藏后，出土时内外表面染色痕迹的区别与其放置状态无明显联系。这一点从水洞沟第 8 地点地层内出土的 4 件染色串珠也可以看出来。表 6 - 2 中阴影部分显示的为出土时状态为内表面朝上的串珠内外表面的染色情况，可以看出虽然串珠内表面朝上，内表面染色痕迹却十分明显，而外表面染色痕迹不甚明显，仅见于气孔周围，有的染色痕迹不确定，甚至完全观察不到（见彩图 20、彩图 21）。

表 6 - 1 鸵鸟蛋皮串珠染色及埋藏模拟实验中串珠染色情况及埋藏状态

项目	染色情况		串珠埋藏及出土状态
	染色位置及保存程度		
标本号	内表面	外表面	
OSB014	明显，分布均匀	明显，分布零散	内表面朝上，有倾斜
OSB015	明显，分布均匀	明显，分布零散	内表面朝上，有倾斜
OSB016	较明显，分布均匀	不明显，仅见于气孔内	内表面朝上
OSB017	较明显，分布均匀	不明显，仅见于气孔内	内表面朝上
OSB018	较明显，分布均匀	明显，仅见于钻孔处	外表面朝上，有倾斜
OSB019	颜色较浅，分布均匀	较明显，分布零散	内表面朝上

项目\标本号	染色情况		串珠埋藏及出土状态
	染色位置及保存程度		
	内表面	外表面	
OSB020	明显，分布均匀	较明显，分布零散	内表面朝上
OSB021	明显，分布不均	较明显，分布零散	外表面朝上，有倾斜
OSB022	明显，分布均匀	较明显，分布零散	内表面朝上
OSB023	明显，分布均匀	明显，仅见于钻孔处	内表面朝上
OSB024	较明显，分布均匀	较明显，分布零散	外表面朝上，有倾斜
OSB025	明显，分布均匀	较明显，分布零散	外表面朝上
OSB026	明显，分布不均	明显，仅见于钻孔处	外表面朝上
OSB027	较明显，分布均匀	不明显，仅见于气孔内	外表面朝上，有倾斜
OSB028	明显，分布不均	不明显，仅见于气孔内	外表面朝上，有倾斜
OSB029	较明显，分布均匀	不明显，仅见于气孔内	外表面朝上，有倾斜
OSB030	较明显，分布均匀	明显，仅见于钻孔处	内表面朝上
OSB031	较明显，分布均匀	较明显，分布零散	内表面朝上，有倾斜
OSB032	较明显，分布均匀	较明显，分布零散	内表面朝上，有倾斜
OSB033	较明显，分布均匀	较明显，分布零散	内表面朝上

注：表中阴影部分指的是串珠埋藏及出土状态为外表面朝上的标本。

表6-2　水洞沟第8地点鸵鸟蛋皮串珠染色情况及出土状态

项目\标本号	染色情况			串珠出土时状态
	是否存在染色	染色位置及保存程度		
		内表面	外表面	
79	是	较明显，分布均匀	染色痕迹不确定	内表面朝上，有倾斜
547	是	明显，分布均匀	明显，但零星分布	内表面朝上，有倾斜

项目\标本号	染色情况			串珠出土时状态
	是否存在染色	染色位置及保存程度		
		内表面	外表面	
558	是	较明显，分布均匀	无染色痕迹	内表面朝上，有倾斜
570	否	无染色痕迹	无染色痕迹	内表面朝上
745	是	较明显，分布均匀	不明显，仅见于气孔内	内表面朝上，有倾斜
S1	是	颜色较浅，分布均匀	无染色痕迹	筛洗品
S2	是	明显，分布均匀	明显，分布较集中	筛洗品
C1	是	明显，分布不均	无染色痕迹	采集品

注：表中阴影部分指的是出土状态为内表面朝上且带有染色痕迹的串珠。

如果串珠内、外表面染色痕迹的保存程度与其埋藏状态关系不大的话，那么为什么其内外表面染色痕迹差别如此之大呢？究其原因，主要是鸵鸟蛋皮特殊的显微结构。因为古人类在串珠的磨光阶段中，通常会对串珠内外表面进行抛光，但每个串珠的抛光程度不同。而鸵鸟蛋皮串珠内表面最外层为卵壳膜，紧接着为锥体层，古人类在对内表面进行磨光时，一般会将卵壳膜磨掉，而露出锥体层；锥体层中的锥体由乳突和放射状的楔体组成，乳突直接与卵壳膜接触，卵壳膜被磨掉之后乳突暴露出来，而乳突主要由放射状的方解石晶体构成，具有放射状超微结构，因此内表面磨光后锥体间是存在空隙的，串珠染色之后矿物质染料很容易浸入其中，不易消退。而鸵鸟蛋皮串珠外表面主要由表面晶体层以及柱状层构成，外表面在磨光之后，一般会将表面晶体层磨光，而有的会露出柱状层；在径切面中，柱状层往外表面逐渐过渡为放射状的交叉排列，而在弦切面中，每个柱状体的弦切面呈现不规则的锯齿状，与相邻的柱状体相互嵌结。由于外表面这种特殊的显微结构，矿物质染料很难浸染进去，但一般会填充进外表面的气孔内，其余染料只会附着于外表面，在遇到水流浸泡、雨水淋沥、风化磨蚀等自然条件时，外表面上附着的染料就会变淡消失。此外，外表面染色痕迹常见于穿孔处，结合串珠制作模拟实验中钻孔阶段的观察记录，是由于工匠由内表面进行钻孔，当钻透时，会在外表面钻孔周围产生许多崩裂的小疤，这些小疤崩裂程度不同，有的程度较深使柱状层棱柱体的外部受到严重破坏，而使矿物质染料能够较容易地浸染进来。综上，通过鸵鸟蛋壳的显微结构可以解释，无论考古标本还是模拟实验标本，都表现为内表面染色痕迹较明显而外表面染色痕迹不明显且分布零散。

第七章 结语与讨论

第一节 结语

根据考古标本的总体分析和鸵鸟蛋皮串珠制作、染色及埋藏模拟实验记录，并结合鸵鸟蛋皮的显微结构进行分析归纳，主要有以下几个方面的认识。

第一，水洞沟第 8 地点鸵鸟蛋皮串珠的基本特征如下。

（1）串珠均为成品，即处于文中所提出的生产路线的Ⅷ阶段，由于标本数量有限，缺乏处于不同生产阶段的产品，故无法判断该地点串珠的具体生产路线或工序；

（2）串珠主要以单面钻孔为主，单面钻孔均为内表面钻孔，对向钻孔较少，不见外表面钻孔；

（3）大部分串珠上面能够观察到明显的染色痕迹，主要集中于内表面，且均匀分布，而外表面的染色痕迹不甚明显，仅见于气孔处或钻孔周围，有的甚至不见染色痕迹；

（4）这些串珠的钻孔内径、钻孔外径、重量、直径、厚度等参

　　　　　　　　/ 鸵鸟蛋皮串珠：不止于装饰

数大小趋于一致，分布较为稳定，体现了串珠生产的标准化，也反映了古人类高超的串珠制作工艺。

第二，基于最初模拟实验设计时的三个主要研究问题，本项研究主要由鸵鸟蛋皮串珠制作、染色、埋藏学模拟实验等方面组成。根据模拟实验记录和分析，能够在一定程度上阐释这些问题，希望在以后的研究中能够进一步完善模拟实验。

首先，在水洞沟第 8 地点及该地区其他采集品中，串珠多为由内表面进行钻孔，对向钻孔占有一定比例，外表面钻孔较少或不见。古人类选择串珠的钻孔方向与鸵鸟蛋壳的显微结构有着密切关系。在径切面中，柱状层又可以分为内外两层，内层与锥体层为过渡接触，棱柱体基本上与蛋壳的平面垂直，再往外层则逐步过渡为放射状的交叉排列。在弦切面中，每个棱柱体的弦切面呈现不规则的锯齿状，与相邻的柱状体相互嵌结。这种结构使蛋壳的柱状层——蛋壳外表面特别致密，具有很高的坚固性。此外，蛋壳外表面较为光滑，难以找到钻孔所需的着力点，容易发生破碎。由此可以解释古人类倾向于内表面钻孔而外表面钻孔较少的原因。

而在对鸵鸟蛋皮由内表面进行钻孔工作时，当蛋皮内表面钻到底而外表面被钻透显现出一个小孔时，如果继续钻孔的话，钻孔工具的尖刃部已经发挥不了实际作用，只能依靠工具的侧边来将穿孔变大，且显得较为吃力；而将蛋皮反转过来，由外表面进行钻孔，以小孔为着力点，依靠钻头的两侧缘能够容易省力地将孔隙扩大到预期效果。因此推测这可能是南非晚期石器时代（LSA）出土的鸵鸟蛋皮串珠和水洞沟地区串珠采集品中存在相当数量对向钻孔串珠的主要原因。

其次，第8地点出土的鸵鸟蛋皮串珠仅在内表面能观察到明显的染色痕迹，且分布均匀；而外表面则染色不明显，仅见于气孔或穿孔处。有学者推测可能与串珠的埋藏状态有关系（见彩图22）。根据串珠染色及埋藏学模拟实验来看，这种现象仍与鸵鸟蛋皮的显微结构有关。虽然古人类对串珠内、外表面都进行了磨光，但由于其内、外表面的致密程度不同，从而影响了矿物质染料对其的浸染或吸附程度。通过模拟串珠在埋藏过程中的各种状态下染色痕迹的变化情况以及结合考古标本出土时的状态来看，埋藏状态及条件对串珠染色痕迹的保存程度具有一定的影响，在水流浸泡、雨水淋沥、风化磨蚀等自然条件下，外表面上附着的染料就会变淡甚至消失，而内表面变化不明显，仅表现为颜色变淡。因此，如果说埋藏状态及条件（沉积过程）是影响鸵鸟蛋皮串珠染色痕迹保存的外因，那么鸵鸟蛋壳特殊的显微结构则是影响其染色痕迹保存的内因。

第三，通过模拟实验以及与南非晚期石器时代诸遗址的材料进行对比，可以在一定程度上推测鸵鸟蛋皮串珠的两种生产路线哪一种效率比较高，及其具体原因为何。

　　　　　　　　　　　　　／鸵鸟蛋皮串珠：不止于装饰

虽然在该地点发现的串珠数量较少，缺少不同生产阶段的产品，因此不能确定串珠的具体生产路线，但基于南非晚期石器时代一些遗址及水洞沟地区相关串珠采集品来看，先钻孔后修型的生产路线1占绝对优势，而我们正是据此进行了两种生产路线的模拟实验。这两种生产路线的生产事故均发生于钻孔及修型阶段，总体来看，生产路线1的事故率要远低于生产路线2，但不可以就此认为前者的效率要高于后者。模拟实验表明，造成这种结果的原因是多方面的，主要与实验者的技术水平高低有关。Ⅰ级及Ⅱ级实验者的经验尚浅，且掌握的串珠制作技巧不够扎实，从而导致事故频发；而Ⅲ级实验者技术水平相对较高，有丰富的制作经验，一般情况下不会发生生产事故。但在一些考古遗址中发现的串珠产品以生产路线1为主，生产路线2的产品很少，为什么会出现这种现象呢？结合模拟实验研究的结果，针对这一问题可以提出以下两个假说来做出一定的解释。

一是技术决定论，即古人类的串珠制作技术决定着主要的串珠生产路线。根据南非晚期石器时代一些遗址出土的串珠标本和水洞沟地区的串珠采集品特征，结合模拟实验可以看出，修型及钻孔阶段是整个生产序列中较容易出现事故的生产阶段，在生产路线1中，古人类可以选择体形较大的毛坯进行钻孔，降低事故发生率。因而古人类倾向于选择生产路线1的做法较具逻辑性。

二是人群迁徙论，即不同人群的迁徙导致古人类行为的差异，同一人群或族群作为一种人群的风俗习惯，自始至终使用生产路线1来制作串珠，造成串珠制作技术的定型化、单一化。根据民族学材料记载，一些人群或族群偏爱于某种生产技术及产品，形成一种具有地域特色和人群或民族特色的生产技术或生产习俗。例如，印度安达曼群岛的土著居民主要由已婚妇女以固定的工序来完成垂饰等装饰品的制作①；在加拿大，虽然金属工具已被广泛利用，但当塞利希族和科尔雅克族印第安人加工兽皮时，仍然用北美麋的肋骨、桡骨或肩胛骨制成的锯齿刃工具来去肉，用赤鹿腿骨制成的凸刃工具梳理、平整兽皮，此外在对兽皮进行染色前，需将其浸泡在混有女人尿液的水中②；南非布须曼人一般由已婚妇女制作鸵鸟蛋皮串珠，通常采用木杆加一个金属钻头组成的复合工具来钻孔，将串珠毛坯在一个特定大小的凹槽内进行磨光，使其磨光后大小一致，然后将其放在表面有凹坑（凹坑尺寸即串珠的大小）的石砧上加以固定，利用钻孔工具进行钻孔，生产出来高度标准化的串珠③（见彩

---

① 拉德克利夫·布朗：《安达曼岛人》，梁粤译，广西师范大学出版社，2005，第 359～365 页。

② 黄强、杨英：《加拿大印第安人的早期生活与贸易交通》，《重庆交通大学学报》（社会科学版）2007 年第 2 期，第 14～16 页。

③ I. Plug, "Bone Tools and Shell, Bone and Ostrich Eggshell Beads from Bushman Rock Shelter（BRS），Eastern Transvaal," *South African Archaeological Bulletin* 37（1982）：57 – 62.

图 23）。

　　此外，不同的人群或民族有着由自己特定技术生产出来的具有特定特征的产品，他们将这些技术和产品应用于自己的物质生活和精神生活，成为其文化的一部分。不同的人群或民族有着不同的技术传统以及文化积淀。一般来说，技术文化上的相对差异具体表现为它的民族特征、地域特征以及时代特征等，这些特征贯穿于技术的发展、象征、感觉、功能等各个方面。以串珠为例，其主要体现在制作技术、染料获取与应用、染色技术等方面。例如，非洲南部博茨瓦纳的 D'kar 人，他们是非洲南部主要以生产鸵鸟蛋皮串珠为生的职业工匠[①]，民族学者调查了几十个年龄为 24 ~ 75 岁的工匠，在他们那里串珠制作被认为是部落中女人的工作，男人只制作弓箭和长矛。他们虽然不实际测量串珠的具体尺寸，但其产品很明显地分为两类，一类直径为 3 ~ 5 毫米，另一类直径为 7 ~ 10 毫米，较大的一类上面有两个钻孔。整个部落的工匠只遵从一种生产路线，即本书中所提出的生产路线 2，先用手、牙齿或小钳子将蛋皮碎片修整成圆形，而后用金属钻头在中心位置钻孔，最后在黑斑羚角上进行磨光，使用时通过牛筋线串起来。尺寸较大的一类串珠是用来作为纽扣的，而较小的一类串珠是专门为儿童设计的，将其串起来佩戴

---

　　① 　Milton C. Tapela， "An Archaeological Examination of Ostrich Eegshell Beads in Botswana," *Pula Botswana Journal of African Studies* 1 （2001）：60 – 74.

在脖子上或缠在腰间，可以保佑孩子健康成长。

综上，根据该地点出土串珠的特征、模拟实验结果以及民族学材料来看，旧石器时代晚期鸵鸟蛋皮串珠等装饰品形制较为规整、尺寸大小趋于统一，体现了产品的高度标准化。这些现象归根到底与制作者的技术水平有着直接联系，也从侧面说明这些装饰品可能是由特定的、较熟练的工匠制成的。考古标本及采集品的各种属性可能存在一定的差异，这可能是不同的人群迁徙、相互交流的结果。

上述假说对阐释旧石器时代晚期装饰品的标准化有一定启示意义。但这些理论或认识都是从一个方面来进行探索和诠释，或着眼于地理障碍，或囿于区域生态条件，或止步于原料资源的局限，强调的都是外在的因素，而对人的主观能动性有所忽略；而且这些尝试都是对单个遗址或地区的装饰品制作特征加以解释，希望能透过现象研究更广泛的人类行为。

第二节 讨论

该地点出土的这些鸵鸟蛋皮装饰品，从其生产工序等方面分析，应是古人类行为的产物，是古人类有意识地制作出来的，具有原始艺术萌芽色彩。事实上，象征性行为并非旧石器时代晚期所特有的特征，这种具有象征性行为的原始人类作品很早就已经出现了，如俄罗斯阿尔泰地区 Denisova 洞穴发现的穿孔兽牙（69 ± 17ka BP）①及 Kara-Bom 遗址发现的染色穿孔兽牙及骨片（43300 ± 1600BP）②、南非 Sibudu 洞穴遗址出土的贝壳串珠（60 ~ 70ka BP）③、黎凡特（Levant）地区土耳其 Üçağızlı 发现的穿孔贝壳（41 ~ 43ka BP）④、黎巴嫩 Ksar'Akil 遗址出土的钻孔贝壳（约40ka BP）⑤ 以及阿尔及利亚 Oued Djebbana 遗址出土的穿孔贝壳（＞35000BP）⑥ 等。然而这些地区的新发现引发了巨大的争议，其焦点在于尼安德特人是否有能

---

① A. P. Derevianko, "The Middle to Upper Paleolithic Transition in the Altai," *Archaeology, Ethnology and Anthropology of Eurasia* 3（2001）: 70 – 103.

② A. P. Derevianko, E. P. Rybin, "The Earliest Representations of Symbolic Behavior by Paleolithic Humans in the Altai Mountains," in: A. P. Derevianko eds., *The Middle to Upper Paleolithic Transition in Eurasia: Hypotheses and facts*（Institute of Archaeology and Ethnography Press, 2005）, pp. 232 – 255.

③ Francesco Errico, Marian Vanhaeren, Lyn Wadley, "Possible Shell Beads from the Middle Stone Age Layers of Sibudu Cave," *South Africa. Journal of Archaeological Science* 35（2008）: 2675 – 2685.

④ Steven L. Kuhn, et al., "Ornaments of the Earliest Upper Paleolithic: New Insights from the Levant," *Proceedings of the National Academy of Sciences* 13（2001）: 7641 – 7646.

⑤ Steven L. Kuhn, et al., "Ornaments of the Earliest Upper Paleolithic: New Insights from the Levant," *Proceedings of the National Academy of Sciences* 13（2001）: 7641 – 7646.

⑥ Marian Vanhaeren, et al., "Middle Paleolithic Shell Beads in Israel and Algeria," *Science* 312（2006）: 1785 – 1788.

力做出这种复杂的象征性行为，如果尼安德特人不是这些复杂的人类行为的制造者，那么很有可能现代人是这些装饰品的主人，但是现代人能出现在那么早的阶段吗？迄今为止，这个问题尚无定论。有学者提出，新发现的这些艺术和象征性行为是两种不同人种类型的人类相互交流的结果，且随着人类群体复杂程度的发展，也产生了个人和人类群体的自我认同感①。西伯利亚地区新发现的古人类学材料——阿尔泰地区 Denisova 洞穴和 Okladnikov 洞穴遗址发现的旧石器时代中期人类牙齿化石，为解决这个难题提供了重要材料②。根据其测量性状判断，这些牙齿化石属于晚期智人，但值得注意的是，牙齿的非测量性状体现了在较早阶段就存在西、东方人种混杂的现象。虽然证据有限，但还是体现出了这一地区人类的连续进化。解决这个问题的关键还需要将来深入研究各个地区石器工业的发展序列，以证明当地旧石器时代中期、晚期石器工业的连续发展。此外，还需要寻找更多的古人类学方面的证据。

① A. P. Derevianko, E. P. Rybin, "The Earliest Representations of Symbolic Behavior by Paleolithic Humans in the Altai Mountains," in: A. P. Derevianko eds., *The Middle to Upper Paleolithic Transition in Eurasia: Hypotheses and facts* (Institute of Archaeology and Ethnography Press, 2005), pp. 232 – 255.

② E. G. Shpakova, A. P. Derevianko, "The Interpretation of Odontological Features of Pleistocene Human Remains from the Altai," *Archaeology, Ethnology and Anthropology of Eurasia* 1 (2000): 125 – 138.

年代最早的鸵鸟蛋皮串珠被报道发现于非洲中期石器时代
（MSA）的 Mumba 洞穴遗址内，但是其年代不是很确定①。而发现最
早的有确信年代数据的鸵鸟蛋皮串珠出土于东非地区晚期石器时代
（LSA）遗址（40ka BP）②。由此可以看出，串珠及其他装饰品在尼
安德特人及晚期智人的文化生活中是普遍存在的，它们在古人类的
日常生活中起着重要的作用。根据历史时期和现代民族学的材料，
从一般意义上讲，如果一个人佩戴了像串珠这样具有象征意义的个
人装饰品，通常会将自己的一些想法甚至个人认同感传达给不同的
信息受众。佩戴这些个人装饰品可能体现出佩戴者的年龄、所属族
群、姻亲关系、社会地位、财富水平等个人信息③，如南亚大安达
曼群岛上的土著居民个人饰物所体现的各种信息④。通常这些信息
不仅会传达给与佩戴者有着一定文化联系或背景的信息受众，而且
还可以传达给一些不同族群的人——"亲密的陌生人"（intimate

---

① Sally McBrearty, Alison S. Brooks, "The Revolution That Wasn't: a New Interpre-
tation of the Origin of Modern Human Behavior," *Journal of Human Evolution* 39
(2000): 453 - 563.

② Ambrose H. Stanley, "Chronology of the Later Stone Age and Food Production in
East Africa," *Journal of Archaeological Science* 25 (1998): 377 - 392.

③ R. G. Bednarik, "Direct Dating Results from Australian Cave Petroglyphs," *Geoar-
chaeology* 4 (1998): 411 - 418.

④ 拉德克利夫·布朗：《安达曼岛人》，梁粤译，广西师范大学出版社，2005，
第 359~365 页。

strangers），以获取更广泛的认同感①。由此可知，串珠等个人装饰品就是一种传达个人信息的媒介或载体。事实上，旧石器时代的串珠等装饰品的功能、作用也与历史时期及现代民族学材料所记载的较为相似，但研究者们没能获取更多的信息，这是由于缺乏与之相关的文化背景及材料（contextual data）来解释这些蕴藏的象征性行为的信息②。水洞沟第8地点出土的这些串珠由于其不同于矿物质染料等装饰品，具有易保存、易获取、易于达到产品标准化等特点，故可长时间使用，甚至代代相传，并可以扩大整个族群社会与外界交流的规模，将信息传递给更加广泛的人群和传播到更远的地理范围，从而反映出古人类的生产力水平、生态环境的变化以及相关的人口信息。

水洞沟地处西北干旱区，晚更新世末气候比现今温暖湿润。孢粉分析和脊椎动物化石组合显示，古人类在此活动期间，此处植被

① S. Kuhn and M. Stiner， "Body Ornamentation as Information Technology： towards an Understanding of the Significance of Early Beads，" in P. Mellars，et al.，eds.，*Rethinking the Human Revolution： New Behavioural and Biological and Perspectives on the Origins and Dispersal of Modern Humans*（Cambridge： MacDonald Institute of Archaeology）2007，pp. 45 – 54.
② S. Kuhn and M. Stiner， "Body Ornamentation as Information Technology： towards an Understanding of the Significance of Early Beads，" in P. Mellars，et al.，eds.，*Rethinking the Human Revolution： New Behavioural and Biological and Perspectives on the Origins and Dispersal of Modern Humans*（Cambridge： MacDonald Institute of Archaeology）2007，pp. 45 – 54.

为阔叶疏林草原，局部地区有积水洼地，挺水植物较繁茂，周边还适宜阔叶树生长，显然气候条件优于现在；附近地形平坦开阔，并有沙漠出现，总体表现为干旱区草原环境，各类食草动物适于在此繁衍生息[①]。这样的环境为古人类生存提供了基本条件，他们应以狩猎为主要生产活动，栖息于近水源的河边或湖边，并遗留下他们制作和使用的石器、装饰品和火塘等。水洞沟遗址第 8 地点出土的鸵鸟蛋皮串珠，表明早在晚更新世末水洞沟地区的远古人类已经具有了较高的生产力水平和审美能力，他们不仅制作石器和从事采集、狩猎活动，还制作精美的鸵鸟蛋皮串珠。这极大地丰富了水洞沟文化的内涵，为研究该地区古人类的技术演化、行为方式和原始艺术的起源提供了重要的线索与依据。

---

① 高星等：《水洞沟遗址沉积——地貌演化与古人类生存环境》，《科学通报》2008 年第 27 卷第 10 期，第 1200～1206 页。

附　录

附录 1　鸵鸟蛋皮串珠制作模拟实验记录表

观测项目	标本编号	OSB 001	OSB 002	OSB 003	OSB 004	OSB 005	OSB 006	OSB 007	OSB 008	OSB 009
实验者	性别									
	年龄									
	技术等级									
	利手									
	钻孔动作									
	钻孔方向									
	钻孔角度（°）									
	选择的生产路线									
钻孔工具	标本号									
	原材料									
	长度（mm）									
	宽度（mm）									
	厚度（mm）									
	重量（g）									
	尖刃角（°）									
	尖刃大小（mm）									

／鸵鸟蛋皮串珠：不止于装饰

观测项目		标本编号	OSB 001	OSB 002	OSB 003	OSB 004	OSB 005	OSB 006	OSB 007	OSB 008	OSB 009
磨光工具		标本号									
		原材料									
		长度（mm）									
		宽度（mm）									
		厚度（mm）									
		重量（g）									
鸵鸟蛋皮毛坯	准备阶段（Ⅰ&Ⅱ）	面积（m²）									
		厚度（mm）									
		重量（g）									
	钻孔阶段（Ⅲ&Ⅳ）	面积（m²）									
		厚度（mm）									
		重量（g）									
		内径（mm）									
		外径（mm）									
		穿孔钻透所需时间（s）									
		钻孔完全形成所需时间（s）									
		钻孔工具尖刃角变化									
		事故及原因									

观测项目			OSB 001	OSB 002	OSB 003	OSB 004	OSB 005	OSB 006	OSB 007	OSB 008	OSB 009
鸵鸟蛋皮毛坯	修型阶段（Ⅴ&Ⅵ）	面积（m²）									
		厚度（mm）									
		重量（g）									
		事故及原因									
		断块及碎屑大小（mm）									
		修型时间（s）									
	磨光阶段（Ⅶ&Ⅷ）	面积（m²）									
		厚度（mm）									
		重量（g）									
		事故及原因									
		磨光时间（s）									
	染色阶段	暴露地表 时间（s）									
		暴露地表 内表面染色变化									
		暴露地表 外表面染色变化									
		埋藏状态 时间（s）									
		埋藏状态 内表面染色变化									
		埋藏状态 外表面染色变化									

附录2 鸵鸟蛋皮串珠模拟实验过程记录表
（样表）①

I Background of Experimenter
（实验者基本信息）

1. the person（s）WHO carry out this experiment（实验操作者）：李锋

2. the time WHEN this experiment takes place（实验时间）：2009 年 8 月 28 日 19：30

3. the place WHERE this experiment takes place（实验地点）：中国科学院古脊椎动物与古人类研究所脊椎动物演化与人类起源重点实验室

4. gender（性别）：男

5. age range（年龄范围）：Ⅱ

6. skill level（技术等级）：Ⅱ级

7. handedness（利手）：右利手

8. perforated motion（钻孔动作）：Ⅰ

---

① 本表格样式修改自高星、沈辰主编的《石器微痕分析的考古学实验研究》中的石器微痕实验记录表。

9. direction of perforation（钻孔方向）：由内表面向外表面钻

10. angle of perforation（钻孔角度）：钻孔工具与鸵鸟蛋皮内表面相垂直（88°）

II   Information on the Perforated Tools
（钻孔工具的基本信息）

11. Characteristics of the Perforated Tool（钻孔工具的特性）

    11.1   Number（编号）：OESB. PT 03

    11.2   Raw Material（原材料）：硅质白云岩

    11.3   Color（颜色）：灰黄色

    11.4   Blank（毛坯）：石片

    11.5   Retouched（修理）：无

    11.6   Please draw an outline tool on a separate sheet to show used point, contact area（画图说明钻孔工具尖部使用的部位）

    / 鸵鸟蛋皮串珠：不止于装饰

11.7　Please draw a picture of tool in hand, showing the angle of perforation（画图说明利用工具钻孔时，工具与鸵鸟蛋皮毛坯间的作用关系）

钻孔工具

鸵鸟蛋皮毛坯

12. Size of the perforated tool（钻孔工具的尺寸）

12.1　Length of the perforated tool（长度）：31.62 毫米

12.2　Width of the perforated tool（宽度）：18.29 毫米

12.3　Thickness of the perforated tool（厚度）：9.13 毫米

12.4　Weight of the perforated tool（重量）：5.95 克

12.5　Point angle（尖刃角）：56°

12.6　Size of point（尖刃的大小，仅测量自尖部开始 3 毫米的尖刃部分）：长 3 毫米，宽 3.69 毫米

12.7　Is point of tool RETOUCHED? If so, please show on drawing（尖刃是否经过加工？如果加工，画图表示）

尖刃未经加工。

12.8 Please take digital images of the point before use（照相记录钻孔工具使用前尖刃的情况）

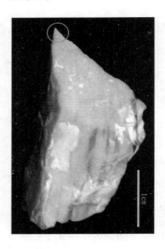

III Information on the Ostrich Eggshell Blank
（鸵鸟蛋皮毛坯的基本信息）

13. Number of ostrich eggshell blank（such as OSB 001）（编号）：OSB 014

14. Size of ostrich eggshell blank（尺寸）

    14.1 Area of ostrich eggshell blank（面积）：264.75 平方毫米

    14.2 Thickness of ostrich eggshell blank（厚度）：2.2 毫米

    14.3 Weight of ostrich eggshell blank（重量）：0.5 克

15. Curvature of ostrich eggshell blank（弯曲度）：170°

IV Activity-Manufacture of Ostrich Eggshell（OES） Beads（鸵鸟蛋皮串珠生产实验）

16. Choose the Pathway at random（选择生产路线）

生产路线 1（Pathway 1）

17. Preparation phase of OES beads（stage Ⅰ & Ⅱ）（鸵鸟蛋皮毛坯的准备阶段——第Ⅰ和Ⅱ阶段）

选择了一块近似四边形的、干燥的现生非洲鸵鸟蛋蛋皮碎片作为串珠毛坯

18. Perforation phase of OES beads（stage Ⅲ & Ⅳ）（鸵鸟蛋皮毛坯的钻孔阶段——第Ⅲ和Ⅳ阶段）

18.1 Describe the Activity（Perforation）（描述实验的细节——钻孔）

实验者以右手执工具由毛坯内表面进行钻孔。257 秒时，将毛坯钻透，外表面形成一小孔；290 秒时，将钻孔部分扩大至预设尺寸。

18.2 Size of aperture（钻孔的尺寸）

钻孔内径：3.6 毫米；外径：4.7 毫米

18.3 Change of point on the perforated tool（钻孔工具尖部的变化）

钻孔进行 187 秒时，可观察到工具尖刃部出现破损，尖刃两侧边可见磨损痕迹，磨圆较为严重。

18.4　How efficient was the tool? Explain（解释钻孔工具的使用效率）

由于该件钻孔工具刚刚投入使用（之前仅钻过一例标本），尖部仍较锋利，故工具始终较为适用。

18.5　Was accident（such as breakage）observed in this phase? If so, explain（如果在该阶段发生了断裂等事故，请予以解释）

无事故发生。

19. Trimming phase of OES beads（stage Ⅴ & Ⅵ）（鸵鸟蛋皮毛坯的修型阶段——第Ⅴ和Ⅵ阶段）

19.1　Describe the Activity（Trimming）（描述实验的细节——修型）

实验者先将穿孔后的鸵鸟蛋皮串珠毛坯倾斜放在花岗岩质卵石（编号 OES. GT 06）上，一只手将其固定，另一只手持小卵石（编号 OES. GT 04）按预设尺寸在毛坯周围轻敲，用 264 秒将其修型至直径为 10.4 毫米的近似圆形。

19.2　Size of OES trimmed blank（鸵鸟蛋皮串珠毛坯修型后的尺寸）

直径 10.4 毫米。

19.3　Describe the trimming tool（记录修型工具的细节）

小石锤（OES. GT 04）长 44.09 毫米，宽 36.85 毫米，厚 11.34

毫米，重 28.9 克；石砧 （OES. GT 06） 长 65.02 毫米，宽 44.49 毫米，厚 20.58 毫米，重 84.8 克。二者原料均为花岗岩砾石。小石锤边缘可见敲琢蛋皮产生的明显白色痕迹。

19.4　Describe the debris of OES blank （描述修型过程产生的碎屑）

该过程共产生 36 件碎屑，分布无明显规律。其中长度 2～4 毫米者 22 件，4～7 毫米者 13 件，7 毫米以上者 1 件，重量共计为 0.29 克。

19.5　Was accident （such as breakage） observed in this phase? If so, explain （如果在该阶段发生了断裂等事故，请予以解释）

无事故发生。

20. Grinding phase of OES beads （stage Ⅶ & Ⅷ） （鸵鸟蛋皮毛坯的磨光阶段——第Ⅶ和Ⅷ阶段）

20.1　Describe the Activity （Grinding） （描述实验的细节——磨光）

利用花岗岩质河卵石 （编号 OES. GT 08） 作为研磨石，将修型后的毛坯纵向与研磨石垂直接触，往返磨光，并不停地旋转毛坯，以使各部分磨光均匀，共计 245 秒；而后进行串珠内外表面的抛光，共需 195 秒。

20.2　Size of OES ground bead （鸵鸟蛋皮串珠毛坯磨光后的尺寸）

串珠钻孔内径 3.2 毫米，外径 4.5 毫米，厚度 1.9 毫米，直径

8.4 毫米，重量 0.09 克。

20.3 Describe the grinding tool（记录磨光工具的细节）

研磨石（OES. GT 08）为花岗岩质河卵石，长 68.17 毫米，宽 53.46 毫米，厚 33.15 毫米，重 181 克，采自河漫滩，表面较为粗糙。

20.4 Was accident（such as breakage）observed in this phase? If so, explain（如果在该阶段发生了断裂等事故，请予以解释）

无事故发生。

21. Record of Action Time（动作时间记录）

21.1 Time of perforating process（钻孔过程所需时间）：290 秒

21.2 Time of trimming process（修型过程所需时间）：264 秒

21.3 Time of grinding process（磨光过程所需时间）：440 秒

21.4 Total time（总计时间）：994 秒

22. Which factors affected the phase or experiment? If so, explain（哪些因素影响了实验的某一阶段或者整个实验，请解释）

影响因素主要来自实验者的主观因素，由于其刚刚接触鸵鸟蛋皮串珠制作实验，在得知串珠生产的预设尺寸后，显得较为小心谨慎，因此导致实验部分阶段所需时间略高于平均值。此外在串珠钻孔阶段，由于用力过猛，致使钻孔工具尖部受损，尖刃角变大。

V Dyeing and Embedding Ostrich Eggshell
(OES) Beads (with ochre)
(鸵鸟蛋皮串珠染色及埋藏实验)

23. Characteristics of the pigments (染料的基本信息)

    23.1   Number (编号): OES. P 002

    23.2   Raw Material (原材料): 赭石

    23.3   Color (颜色): 暗红色

    23.4   Source (来源或产地): 河南灵井

24. Describe the Activity (Dyeing) (描述实验的细节——染色)

    依据南非布须曼人 (bushman) 民族学材料所记载的鸵鸟蛋皮串珠染色方法, 先将赭石研磨出一部分赭石粉, 然后将其与一定比例的水混合 (约 1 克的赭石粉混合 5 ~ 7 毫升的水), 制成稀释的 "染料浆"。而后将制成的鸵鸟蛋皮串珠投入 "染料浆" 中, 约 12 小时后取出, 使矿物质染料能完全浸入蛋皮表面内。放置阴凉处将其晾干, 然后用麻绳及干草反复轻搓, 使其表面不稳定的染色剂脱落, 看起来更具光泽感。

25. Please take microscopical images of the inner and outer surface of OES beads before and after dyeing (显微照相记录鸵鸟蛋皮串珠染色后内外表面的染色情况)

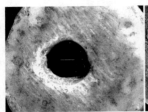 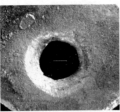

| 外表面 | 内表面 |

26. Record the change of color on them during the deposition process, after dyeing the OES beads（记录染色后的串珠在埋藏过程中颜色的变化）。

26.1 The time range of experiment（实验时间）：2009 年 9 月 1 日至 10 月 30 日

26.2 Describe the change of color of dyeing surfaces on the beads exposed on the earth's surface for some time（描述暴露于地表的染色串珠在一定时间内染色表面的变化）

将其外表面朝上平放于沙地位置较高的地方，周围无树遮盖。1 周（其间未下雨）之后观察，外表面颜色稍微变浅，内表面颜色变化不明显；3 周之后继续进行观察，其间共下过 3 场雨（其中 2 场小雨，1 场中雨），串珠位置稍微发生位移（距离 0.17 米），由平行于地表变为倾斜，但仍为外表面向上，推测可能由于最后一场中雨雨势较大，将其从地表较高处冲至斜坡处。串珠外表面所染颜色越来越淡，呈浅红色，内表面颜色也变淡，但程度不及外表面，且明显能观察到染料已渗入内表面锥体层内。

26.3　Please take microscopical images of the change of color of dyeing surfaces on the beads exposed on the earth's surface for a month （显微照相记录鸵鸟蛋皮串珠暴露于地表一个月后内、外表面染色的变化情况）

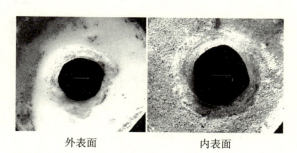

外表面　　　　　　　　　内表面

26.4　Describe the change of color of dyeing surfaces on the beads in the deposition for some time （描述染色串珠埋藏在沉积物内一段时间内染色表面的变化）

将该件标本外表面向上放置于深约20厘米的砂土内，一个月后取出，位置未发生较大改变，轻擦去表面的浮土，外表面颜色较深埋之前变得更浅，但是能看出其明显的染色痕迹，内表面颜色较深，呈暗红色，变化不大。

26.5　Please take microscopical images of the change of color of dyeing surfaces on the beads in the deposition for a month （显微照相记录鸵鸟蛋皮串珠埋藏在沉积物中一个月后内、外表面染色的变化情况）

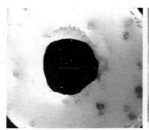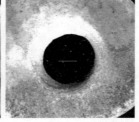

外表面　　　　　　　　内表面

VI　Final Products Observation
（串珠最终产品观察）①

27. Evaluation on availability of OES blank （鸵鸟蛋皮串珠毛坯可利用性的评估）

　　该件标本加工前毛坯面积 264.75 平方毫米，厚度 2.2 毫米，重 0.5 克；加工后的串珠成品直径 8.4 毫米，面积 55.39 平方毫米，厚度 1.9 毫米，重 0.09 克，产生的碎屑重 0.29 克，串珠加工指数为

---

①　通常情况下，鸵鸟蛋皮串珠毛坯可利用性以及标准化的评估只用于探讨一定数量的标本，而不对单个标本的可利用性和标准化进行判断，在该记录表中对单个个体进行这两方面的评估仅作为样例使用，因为笔者已经采集了所有实验标本的所有参数，已知该批串珠的原料可利用性、标准化程度以及趋势。在实际应用中则不存在单个个体的可利用性和标准化的探讨，原因有二。一是单个标本的测量参数数值存在偶然性和不确定性，不具代表性。遗址内发现的串珠可能是由不同的人群不同的工匠制作而成的，标准化程度可能存在不同的标准。二是只有存在一定数量的标本群时，对各种参数的统计才能体现出其可利用程度以及标准化趋势。

0.21，略低于平均值。因此，可以认为该件串珠毛坯可利用性不高，这可能与实验者的经验和技术等级有关。

28. Evaluation on standardization of OES beads（鸵鸟蛋皮串珠标准化的评估）

　　加工后的串珠成品内径 3.2 毫米，外径 4.5 毫米，厚度 1.9 毫米，直径 8.4 毫米，重量 0.09 克，这些数值与预设尺寸——水洞沟第 8 地点出土鸵鸟蛋皮串珠尺寸的均值（内径 2.76 毫米，外径 3.61 毫米，厚度 1.76 毫米，直径 7.7 毫米，重量 0.075 克。）相比差别不大，因此可以认为该串珠标准化程度较高。

29. Please fill in the OES beads experiment INVENTORY FORM（填写"鸵鸟蛋皮串珠生产实验观察记录表"）

30. Establish the photos（including microscopical photos）data-base（建立实验图片档案库）

VII　After Experiments
（实验完成后的其他情况）

31. Where and how the samples stored?（实验标本的存放地和存放情况）
　　存放于中国科学院古脊椎动物与古人类研究所脊椎动物演化与人类起源重点实验室。

后 记

　　一个个驿站组成了人生的风景，在每个驿站前我或驻足，或前行，转眼间，我已经告别人生中最重要的一个驿站——中科院古脊椎所而来到吉林大学七年了。本书是在我博士论文基础上修改而成的，看到这本书，思绪一下子被拉回在古脊椎所的幸福时光。在古脊椎所三年的学习生活中，我收获很多，需要感怀的东西也很多。记得刚来所里的时候，我感觉所里的学习工作节奏比较快，一时间不能适应，还好在学习和成长过程中，得到许多老师和同学的教导、帮助与关爱。

　　师者，所以传道受业解惑也。我要特别感谢我的授业恩师——高星老师。在田野工作和科研上，他一丝不苟的精神深深地感染了我，给了我很多启发和鼓励，使我的思路开阔，受益匪浅，可惜我总是浅尝辄止，有愧于他的期望。每当在学习工作中遇到困难挫折时，他都以精辟、独到的见解引导和启发我向着目标迈进。高老师还努力培养我独立工作的能力，锻炼我自己带队进行发掘，学会处理和协调与地方部门之间的关系，使我在不久的将来能够尽快独当一面；鼓励和资助我参加各种学术会议，锻炼我的口才，开阔眼界，

　　　　　　　　　　　　　　/ 鸵鸟蛋皮串珠：不止于装饰

增长见识，把我推到国际学术前沿，站得更高、望得更远。另外，还要感谢高老师当初能够把水洞沟第 8 地点珍贵的鸵鸟蛋皮装饰品交给我进行研究，我深感荣幸。高老师以其广博的知识、高尚的师德、严谨的治学精神，为我树立了榜样，从他们这一代人身上我看到了严谨治学的精神，同时领悟和学习到了为人、为师、为事的人生哲理。

　　感谢已故的张森水先生对我的关心和呵护，每次我向张先生请教问题，他都放下手中的工作，耐心认真地解答；感谢加拿大皇家安大略博物馆的沈辰老师，他为我的论文框架结构和写作提纲提出了非常多的建设性意见，使我能够洞悉本领域里最新的研究动态，受益良多。每每见到沈老师，他的激情、活力四射总能感染到我；感谢裴树文、冯兴无、陈福友、张双权老师在论文写作上提供地质学、古环境学等方面的指导；感谢研究所几位先生对我的关怀与爱护，他们是吴新智院士、卫奇研究员、黄慰文研究员、李超荣研究员、刘武研究员、侯亚梅研究员，在与他们的交流中，我深深地感受到前辈们对我们年轻一辈的呵护与关爱。特别感谢刘武老师和李超荣老师在评阅我的论文开题、中期报告时提出的宝贵意见，李老师还为我进行模拟实验提供了诸多建议和帮助。感谢标本馆娄玉山老师在我借阅标本时提供的帮助和支持。

　　感谢吉林大学边疆考古研究中心朱泓教授、赵宾福教授、陈全

后　记/ 　　　　　　　　　　　　　　　　　　　　　　143

家教授、刘艳女士、Christine Lee 博士，北京大学的王幼平教授，中国社会科学院考古研究所的陈星灿教授，宁夏文物考古研究所的王惠民研究员在我的学习中给予的各种帮助，他们渊博的学识和敬业的精神是我今后努力的方向；感谢王强博士及张蜀康博士在鸵鸟蛋皮显微观察上的帮助；感谢美国亚利桑那大学 Steven L. Kuhn 教授寄来的国外装饰品相关研究文献；感谢英国牛津大学的 Jayson Orton 博士、德国图宾根大学的 Andrew W. Kandel 博士以及山西大学的宋艳花博士在鸵鸟蛋皮装饰品研究部分提供的有益讨论和建设性意见。

在所三年学习以及紧张而忙碌的毕业论文写作，使我"为伊消得人憔悴"，但我没有因此而"衣带渐宽终不悔"。特别要感谢在古脊椎所三年学习期间，一直陪伴在身边的好兄弟、好姐妹。感谢张乐师姐在我三年研究所学习生活上给予的帮助，在论文撰写期间，感谢她对我的论文结构及数据分析方法提供的大量帮助；师姐好强的性格、刻苦的精神时时激励着我。感谢现在远在武汉的李英华师姐，她为我提供了有关法国旧石器研究的最新进展，不厌其烦地为我阐述法国旧石器研究的基本概念及相关分析案例。感谢同年同月同日生的张晓凌"师姐"在我论文写作中提供的帮助和鼓励，在她远在加拿大求学期间还为我寄送了很多重要文献。在论文撰写期间，当我饥肠辘辘的时候，给我送来吃食；在我苦闷紧张的时候，给我鼓励和支持，使我有信心一直坚持下去。感谢菲菲（彭菲）在临出国的百忙之中，为我校对论文，感谢他在我们赴乌兹别克斯坦发掘期间对我的照顾。感谢明明（曹明明）对我们这个大家庭的关心和爱护，嫁人之后还经常回"娘家"串门。感谢小熊（周振宇）、小关（关莹）夫妇一直以来对我的帮助和支持，有时周末还经常带上我搭伙吃饭。感谢牛牛（马宁）同学一直以来对我的帮助，在紧张忙碌的工作中还抽出时间帮助我校对、排版论文。感谢在我论文写作期间锋仔（李锋）提供的建设性意见，与他的讨论总能给我带来写作灵感，也感动于他对模拟实验的热情。感谢小仪（仪明洁）在生活学习上的帮助，有她的地方就有欢乐，事情总是安排得妥妥当当。感谢王昊在周口店野外工作期间带给我们的欢乐，印象中他总是与冲击钻在一起。感谢当时还在研究生院的坚强乐观的小欣子（徐欣）、开朗大方的小牛（牛东伟）在生活上的鼓励，每每耳边都能响起"师姐，师姐，花露水呢?"的问话。感谢大家在紧张的学习间隙，抽出时间参加我的模拟实验工作，为本文提供了大量原始数据。在这个大家庭里，有幸认识了你们，真的感觉自己的人生很精彩，感谢大家一起陪我走过这段难忘的时光。

当我离开古脊椎所的时候，我就在想，一年后，三年后，五年后，十年后，我们会变成什么样子呢？由于你们善良、开朗又自在，于是我似乎看到多年以后，你们站在实验室天蓝色的大门前，下午三点的阳光，你们脸上仍然挂着笑意，我跑向你们，问你们好不好，

后 记/

你们点点头。三年、五年后，甚至更久更久以后，我们会变成什么样的大人呢？是张先生？高老师？还是我妈？虽然我闭着眼睛也看不见未来的自己，但是我可以听到大家心中的珍重和悦心的祝福。

感谢我的爱人李丹女士对我的理解，特别是对我学业上的支持和鼓励。结婚之后她一人承担了家务和照顾父母的责任，还在繁忙劳累的工作间隙联系房子装修、搬家事宜，在精神上和物质上做我的坚强后盾，让我能够无后顾之忧。感谢王奥博同学对我的支持，容忍我一直不能陪伴在他的身边。

最后，感谢吉林大学社科处哲学社会科学研究普及读物出版资助计划对本书出版的资助，感谢社会科学文献出版社编辑陈凤玲女士及审稿专家为本书出版给予的诸多帮助。

王春雪

2017 年 11 月 10 日于吉林大学边疆考古研究中心

　　　　　　　　　/ 鸵鸟蛋皮串珠：不止于装饰

图书在版编目(CIP)数据

鸵鸟蛋皮串珠：不止于装饰／王春雪著. -- 北京：
社会科学文献出版社，2018.1
（吉林大学哲学社会科学普及读物）
ISBN 978 - 7 - 5201 - 1114 - 0

Ⅰ.①鸵… Ⅱ.①王… Ⅲ.①骨器（考古）- 首饰 - 研
究 - 灵武市 Ⅳ.①K876.14

中国版本图书馆 CIP 数据核字（2017）第 168612 号

吉林大学哲学社会科学普及读物
鸵鸟蛋皮串珠：不止于装饰

著　　者／王春雪

出 版 人／谢寿光
项目统筹／恽　薇　陈凤玲
责任编辑／陈凤玲　郭锡超

出　　版／社会科学文献出版社·经济与管理分社（010）59367226
　　　　　　地址：北京市北三环中路甲 29 号院华龙大厦　邮编：100029
　　　　　　网址：www. ssap. com. cn
发　　行／市场营销中心（010）59367081　59367018
印　　装／三河市尚艺印装有限公司

规　　格／开 本：787mm × 1092mm　1/16
　　　　　　印 张：11.25　插 页：1.25　字 数：100 千字
版　　次／2018 年 1 月第 1 版　2018 年 1 月第 1 次印刷
书　　号／ISBN 978 - 7 - 5201 - 1114 - 0
定　　价／79.00 元